MERCADO FINANCEIRO

O GEN | Grupo Editorial Nacional – maior plataforma editorial brasileira no segmento científico, técnico e profissional – publica conteúdos nas áreas de ciências sociais aplicadas, exatas, humanas, jurídicas e da saúde, além de prover serviços direcionados à educação continuada e à preparação para concursos.

As editoras que integram o GEN, das mais respeitadas no mercado editorial, construíram catálogos inigualáveis, com obras decisivas para a formação acadêmica e o aperfeiçoamento de várias gerações de profissionais e estudantes, tendo se tornado sinônimo de qualidade e seriedade.

A missão do GEN e dos núcleos de conteúdo que o compõem é prover a melhor informação científica e distribuí-la de maneira flexível e conveniente, a preços justos, gerando benefícios e servindo a autores, docentes, livreiros, funcionários, colaboradores e acionistas.

Nosso comportamento ético incondicional e nossa responsabilidade social e ambiental são reforçados pela natureza educacional de nossa atividade e dão sustentabilidade ao crescimento contínuo e à rentabilidade do grupo.

ALEXANDRE ASSAF NETO

MERCADO FINANCEIRO

EXERCÍCIOS E PRÁTICA

COM SOLUÇÕES COMENTADAS

2ª EDIÇÃO

INSTITUTO ASSAF

gen | atlas

O autor e a editora empenharam-se para citar adequadamente e dar o devido crédito a todos os detentores dos direitos autorais de qualquer material utilizado neste livro, dispondo-se a possíveis acertos caso, inadvertidamente, a identificação de algum deles tenha sido omitida.

Não é responsabilidade da editora nem do autor a ocorrência de eventuais perdas ou danos a pessoas ou bens que tenham origem no uso desta publicação.

Apesar dos melhores esforços do autor, do editor e dos revisores, é inevitável que surjam erros no texto. Assim, são bem-vindas as comunicações de usuários sobre correções ou sugestões referentes ao conteúdo ou ao nível pedagógico que auxiliem o aprimoramento de edições futuras. Os comentários dos leitores podem ser encaminhados à **Editora Atlas Ltda.** pelo e-mail faleconosco@grupogen.com.br.

Direitos exclusivos para a língua portuguesa
Copyright © 2019 by
Editora Atlas Ltda.
Uma editora integrante do GEN | Grupo Editorial Nacional

Reservados todos os direitos. É proibida a duplicação ou reprodução deste volume, no todo ou em parte, sob quaisquer formas ou por quaisquer meios (eletrônico, mecânico, gravação, fotocópia, distribuição na internet ou outros), sem permissão expressa da editora.

Rua Conselheiro Nébias, 1384
Campos Elísios, São Paulo, SP – CEP 01203-904
Tels.: 21-3543-0770/11-5080-0770
faleconosco@grupogen.com.br
www.grupogen.com.br

Designer de capa: Caio Cardoso
Editoração Eletrônica: Set-up Time Artes Gráficas

CIP-BRASIL. CATALOGAÇÃO NA PUBLICAÇÃO
SINDICATO NACIONAL DOS EDITORES DE LIVROS, RJ

A862m

2. ed.
Assaf Neto, Alexandre
Mercado financeiro : exercícios e prática / Alexandre Assaf Neto. – 2. ed. – São Paulo : Atlas, 2019.

ISBN 978-85-97-02186-8

1. Mercado financeiro. 2. Mercado de capitais. I. Título.

19-57560

CDD: 332.6
CDU: 336.76

Vanessa Mafra Xavier Salgado – Bibliotecária – CRB-7/6644

PREFÁCIO

O livro foi desenvolvido com o objetivo principal de oferecer uma forma prática de se estudar o Mercado Financeiro, seus conceitos fundamentais, técnicas e operações financeiras.

Esta obra encontra-se dividida em grandes temas do Mercado Financeiro, aos quais são incluídos diversos exercícios, testes e prática.

O livro destina-se a todos que tenham interesse em estudar o Mercado Financeiro e consolidar seus conhecimentos sob um enfoque prático.

Esta nova edição de *Mercado financeiro – exercícios e prática* acompanha as importantes atualizações e acréscimos trazidos pela 14ª edição do livro *Mercado Financeiro*, lançado pelo GEN | Atlas em 2018.

IMPORTANTE: As respostas aos vários exercícios e questões encontram-se disponíveis ao final deste livro. O *Manual de Soluções Comentadas* está disponível no *site* da editora.

Agradecemos a valiosa contribuição da Profª. Vanessa Borges na atualização deste livro de exercícios. Nosso reconhecimento pela dedicação e competência.

Agradecemos bastante as críticas e sugestões dos leitores, assim como a identificação de eventuais erros. Apesar de nossos esforços na revisão do material, podem ainda permanecer alguns erros.

Dedico este livro a todos os meus alunos, ex-alunos e estudantes de Mercado Financeiro.

Ribeirão Preto-SP, janeiro/2019

Prof. Alexandre Assaf Neto

Material Suplementar

Este livro conta com o seguinte material suplementar:
- Manual de Soluções Comentadas.

O acesso aos materiais suplementares é gratuito. Basta que o leitor se cadastre em nosso *site* (www.grupogen.com.br), faça seu *login* e clique em GEN-IO, no menu superior do lado direito.

É rápido e fácil. Caso haja dificuldade de acesso, entre em contato conosco (gendigital@grupogen.com.br).

GEN-IO (GEN | Informação Online) é o ambiente virtual de aprendizagem do GEN | Grupo Editorial Nacional, maior conglomerado brasileiro de editoras do ramo científico-técnico-profissional, composto por Guanabara Koogan, Santos, Roca, AC Farmacêutica, Forense, Método, Atlas, LTC, E.P.U. e Forense Universitária. Os materiais suplementares ficam disponíveis para acesso durante a vigência das edições atuais dos livros a que eles correspondem.

SUMÁRIO

1   Intermediação financeira, 1

2   Políticas econômicas, 15

3   Sistema Financeiro Nacional, 31

4   Mercados financeiros: monetário e crédito, 47

5   Mercados financeiros: capitais e cambial, 63

6   Fundamentos de avaliação, 79

7   Juros, 91

8   Riscos das instituições financeiras, 101

9   Produtos financeiros, 113

10   Mercado de renda fixa – avaliação de bônus, 125

11   Mercado primário de ações, 135

12   Mercado secundário de ações, 151

13   Avaliação de ações, 165

14   Risco, retorno e mercado, 175

15   Seleção de carteiras e Teoria de Markowitz, 187

16 Modelos de precificação de ativos e avaliação do risco, 199

17 Derivativos – mercados futuros, 211

18 Derivativos – mercados de opções e *swaps*, 223

19 Investidores institucionais e fundos de investimentos, 235

Gabarito, 249

1

INTERMEDIAÇÃO FINANCEIRA

O Capítulo 1 aborda a intermediação e a atividade econômica, assuntos considerados essenciais a um melhor entendimento dos mercados financeiros. Por meio do estudo de conceitos econômicos, como fatores de produção, lei dos rendimentos decrescentes, curva de possibilidade de produção, produto interno bruto, produto nacional bruto, crescimento e desenvolvimento econômico, torna-se possível compreender a atividade econômica de maneira ampla e aprofundada.

Definições e comentários acerca de rendas, investimentos e poupança, bem como a apresentação dos agentes econômicos, dos intermediários financeiros e de características da moeda também são encontrados neste capítulo. O conteúdo proposto para essa fase introdutória termina na apresentação dos pensamentos econômicos atuais, por meio do qual são discutidas as características das duas grandes escolas, keynesianismo e monetarismo, e outras diversas linhas de pensamento.

1. Assinale VERDADEIRO (V) ou FALSO (F) nas seguintes afirmativas:

a) ( ) Por agentes econômicos entende-se todas as pessoas e formas de organização – indivíduos, empresas e governo – com capacidade de tomar decisões.

b) ( ) Os instrumentos de movimentação de fundos de investimentos são direitos que o investidor adquire de comprar ou vender uma quantidade predeterminada de um ativo financeiro subjacente a um preço fixo.

c) ( ) Os problemas econômicos básicos da sociedade ocorrem porque inexistem recursos em abundância na natureza, e a economia não pode distribuir de forma ilimitada seus bens produzidos.

d) ( ) Quanto mais uma sociedade consumir hoje, aplicando em bens de produção, maior será sua capacidade futura de geração de riqueza e, consequentemente, maior sua poupança.

e) ( ) A alternativa que cabe a toda decisão econômica é a melhor seleção dos produtos relativamente escassos: toda vez que se deseja obter quantidades adicionais de um bem, é necessário sacrificar quantidades de outro.

2. Sabendo-se que toda sociedade econômica enfrenta três problemas fundamentais determinados pela lei da escassez – **o que**, **como** e **para quem** produzir –, aponte a alternativa que relaciona corretamente as sentenças a seguir:

I. Economias menos desenvolvidas.

II. Sociedades com práticas culturais e religiosas próprias.

III. Nações mais liberais.

A. Impõe certas restrições, por exemplo, ao acúmulo de riqueza.

B. Costumam delegar ao mercado a solução de seus problemas econômicos básicos, por meio de um sistema de preços e de livre comércio.

C. Por possuir recursos tecnológicos limitados, essas economias regulam essas questões de forma menos eficiente que outras mais avançadas.

a) I-C, II-B, III-A.

b) I-B, II-A, III-C.

c) I-B, II-C, III-A.

d) I-C, II-A, III-B.

e) I-A, II-C, III-B.

3. Sobre a Lei dos Rendimentos Decrescentes, é **incorreto** afirmar que:

a) descreve que unidades adicionais de fatores de produção promovem incrementos na produção, porém a taxas decrescentes.

b) é válida somente se forem alterados, de forma simultânea, o fator de produção e o bem produzido.

c) os acréscimos de produção vão-se reduzindo à medida que incorporam ao processo mais fatores de produção, ou seja, a parte fixa torna-se cada vez menor por fator de produção introduzido.

d) a produção incremental por unidade de mão de obra irá se apresentar cada vez menor, ressaltando os rendimentos decrescentes do fator de produção.

e) também é conhecida como Lei das Proporções Variáveis ou Lei da Produtividade Marginal Decrescente.

4. Considere as seguintes afirmações sobre a curva de possibilidade de produção:

I. Pontos internos à área da curva revelam opções de produção em economias que trabalham em condições de pleno emprego, ou cujos recursos estejam sendo empregados de forma eficiente.

II. A curva de possibilidade de produção é uma fronteira que indica o limite máximo possível de ser atingido pela sociedade diante dos recursos existentes.

III. Exprime as decisões que podem ser tomadas em relação a dois produtos: ao dar preferência a determinado produto, deve-se abrir mão da produção de certa quantidade do outro.

a) Apenas a afirmativa I está correta.

b) Apenas a afirmativa II está correta.

c) Apenas a afirmativa III está correta.

d) As afirmativas I e II estão corretas.

e) As afirmativas II e III estão corretas.

5. Com relação aos conceitos de renda, investimento e poupança, é **correto** afirmar que:

a) renda pessoal é a renda auferida pelos habitantes de um país, determinada pelas operações produtivas, de caráter interno e externo.

b) a aquisição de ações de empresas em negociação na Bolsa de Valores é um exemplo claro de investimento do ponto de vista econômico.

c) alta propensão ao consumo – ou baixa capacidade de poupança – limitam o crescimento da economia.

d) os lucros retidos pelas empresas não podem ser considerados poupança, pois ainda não transitaram nas mãos dos acionistas.

e) o conceito de investimento em uma economia vincula-se exclusivamente à transferência de propriedade de um bem.

6. Identifique a alternativa de aplicação de recursos que pode ser considerada investimento sob o ponto de vista econômico:

a) Aquisição de ações em bolsa de valores.

b) Aquisição de imóvel com o intuito de obter algum ganho de valorização.

c) Compra de ações de uma companhia no momento de seu lançamento.

d) Aplicação de recursos em um fundo de investimentos.

7. Assinale V (VERDADEIRO) ou F (FALSO) nas afirmações relacionadas com produto interno e com produto nacional:

a) (   ) O produto interno de uma economia representa o valor, a preços de mercado, dos bens e serviços realizados num país em certo período de tempo.

b) (   ) O produto interno inclui toda a produção realizada em outra economia pelos agentes econômicos instalados no país.

c) (   ) O produto interno é definido como bruto quando não for descontada a depreciação dos bens motivada pelo desgaste nos bens fixos.

d) (   ) O produto nacional considera unicamente os bens e serviços produzidos e vendidos internamente no país.

e) (   ) O produto nacional, assim como o produto interno, pode ser interpretado como uma medida de bem-estar econômico de uma nação.

8. As afirmativas a seguir mostram os benefícios proporcionados pela intermediação financeira, **exceto**:

a) Os intermediários financeiros promovem a liquidez do mercado ao viabilizarem aplicações e captações financeiras com diferentes expectativas de prazos.

b) Cabe aos intermediários financeiros a emissão de papel-moeda nas condições e limites autorizados pelo Banco Central.

c) Por operar com recursos de inúmeros poupadores, o intermediário financeiro atua com maior nível de divisibilidade na gestão dos recursos.

d) Os intermediários financeiros trabalham de forma a entrosar os interesses dos agentes econômicos deficitários com os interesses dos agentes econômicos superavitários.

e) Operações financeiras mais sofisticadas podem ser criadas pelos intermediários financeiros, que são especialistas nas negociações com títulos.

9. Considere as afirmativas a seguir com relação aos conceitos e funções da moeda:

I. A moeda constitui-se em instrumento de troca, promovendo o intercâmbio de bens e serviços.

II. A circulação da moeda, até os dias de hoje, é garantida por seu lastro em ouro, o que permite sua conversibilidade.

III. O dinheiro que normalmente circula entre os indivíduos para realização de pagamentos em um país pode ser classificado como papel-moeda.

a) Somente a I está correta.

b) Apenas I e II estão corretas.

c) Apenas I e III estão corretas.

d) Somente a III está correta.

e) Todas estão corretas.

10. Com relação aos meios de pagamento e agregados monetários, podemos afirmar que:

a) quando ocorre uma redução da inflação, minimizando o custo das pessoas em manter maior volume de moeda, temos o que se denomina **monetização**.

b) os meios de pagamento representam todos os haveres com liquidez imediata em poder do público, inclusive o setor bancário.

c) moeda em poder do público é a moeda emitida **menos** o caixa das autoridades monetárias.

d) **M1** é o conceito mais amplo de moeda, abrangendo os mais diferentes tipos de ativos monetários.

e) um aumento de **M1** em relação a **M4** costuma ser observado quando se evidenciam processos inflacionários na economia, ocorrendo a chamada **desmonetização**.

11. As variações na base monetária são dependentes das operações processadas no balanço do Banco Central. Assinale a afirmação que **não** representa contrações na base monetária:

a) Venda de títulos públicos pelo Banco Central.

b) Redução das reservas em moeda estrangeira.

c) Aumento das operações de crédito concedido às instituições financeiras.

d) Emissão de moeda na economia para aquisição de um título público.

e) Emissão de um passivo não monetário para aquisição de um título público.

12. Keynes aponta três motivos que levam as pessoas a manterem determinado nível de caixa. Assinale a alternativa que relaciona corretamente os motivos com a sua explicação:

  I. Negócios ou transações

 II. Especulação

III. Precaução

A. Explicado pela necessidade de as pessoas manterem dinheiro disponível para efetuar seus pagamentos correntes.

B. Devido à incerteza de datas e valores de determinados desembolsos de caixa.

C. Permite o aproveitamento de oportunidades especulativas com relação a certos ativos.

a) I-C, II-B, III-A.

b) I-B, II-A, III-C.

c) I-B, II-C, III-A.

d) I-C, II-A, III-B.

e) I-A, II-C, III-B.

13. Reportando-se à criação de moeda e aos limites de crescimento dos bancos, é **correto** afirmar que:

a) os bancos comerciais, assim como outras instituições financeiras, têm a capacidade de criação de moeda por meio da troca de um passivo (depósito à vista) por um direito (empréstimos a receber).

b) o Banco Central tem o poder de regulamentar o montante do encaixe voluntário dos bancos, a exemplo do que ocorre com os depósitos compulsórios.

c) os depósitos compulsórios são representados pelo dinheiro em poder dos bancos.

d) ao concederem mais empréstimos, as instituições financeiras aumentam sua liquidez em atender aos pedidos de resgates de seus depositantes à vista.

e) a expansão dos bancos comerciais por meio de empréstimos está vinculada ao volume de captação de depósitos.

14. Assinale o principal objetivo do recolhimento compulsório sobre os depósitos dos bancos, no contexto de política monetária:

a) Controlar os lucros dos bancos.

b) Preservar a liquidez dos bancos.

c) Permitir o controle, pelas autoridades monetárias, do montante de moeda que os bancos podem criar.

d) Reduzir os dividendos pagos pelos bancos.

e) Promover a redução das taxas de juros da economia.

15. De forma simples, admita que o pão seja o único bem produzido em determinada economia. Para a produção do pão é necessária a fabricação de trigo e farinha. A receita de venda de cada produto atinge:

Trigo: $ 80

Farinha: $ 300

Pão: $ 800

O valor adicionado de cada etapa de produção desse setor da economia é igual a:

a) $ 80; $ 380; $ 1.180.

b) $ 80; $ 220; $ 500.

c) $ 80; $ 300; $ 800.

d) $ 80; $ 380; $ 1.100.

16. Assinale VERDADEIRO (V) ou FALSO (F) nas afirmações a seguir:

a) (   ) O cartão de crédito é considerado moeda, pois executa sua função de meio de pagamento.

b) (   ) Quanto mais elevado o percentual de recolhimento dos depósitos compulsórios dos bancos comerciais no Banco Central, menor se apresenta a capacidade de empréstimos das instituições financeiras.

c) (   ) A moeda é o único ativo que apresenta "Reserva de Valor".

d) (   ) A moeda em poder do público possui liquidez total, chamada de liquidez perfeita. A moeda depositada nos bancos possui também alta liquidez, porém não é considerada perfeita.

17. Identifique com V (VERDADEIRO) ou F (FALSO) as afirmações a seguir:

a) (   ) O conceito de moeda M4 é o que apresenta menor liquidez.

b) (   ) Uma economia, com uma quantidade de moeda em circulação equivalente a 25% do PIB, apresenta uma velocidade de circulação da moeda igual a 4,0.

c) (   ) A base monetária de uma economia equivale ao papel-moeda em poder do público.

d) (   ) A curva de possibilidades de produção é uma representação gráfica que demonstra o que, como e para quem produzir.

18. O coeficiente de expansão de um sistema bancário que mantém 12% de reservas sobre o saldo total de seus depósitos é igual a:

a) 12,0%.

b) 88,0%.

c) 8,33%.

d) 16,66%.

19. A velocidade de circulação da moeda de uma economia que apresenta um PIB igual a US$ 1,5 trilhão, e uma quantidade de moeda em circulação equivalente a US$ 0,6 trilhão, é igual a:

a) 0,4.

b) 0,9.

c) 1,5.

d) 2,5.

20. Sendo:

C = consumo agregado das famílias

INV = investimentos das empresas

G = gastos do governo

Ex = exportações

IM = importações

Aponte a identidade correta de cálculo do PIB na ótica da despesa.

a) PIB = (INV – G) + C + Ex – IM.

b) PIB = C + INV – G – IM + Ex.

c) PIB = C + INV + G + Ex – IM.

d) PIB = INV + G – C + Ex + IM.

e) PIB = INV – C – G + Ex – IM.

21. Identifique, em cada prioridade apresentada a seguir, a Escola de Pensamento Econômico que representa:

a) (   ) crescimento com estabilidade de preços.

b) (   ) forças livres do mercado.

c) (   ) estatização da atividade econômica.

d) (   ) oferta da moeda como fator determinante do nível geral de preços da economia.

e) (   ) privatização das empresas estatais.

f) (   ) planejamento e controle da atividade econômica por meio principalmente da presença do Estado.

g) (   ) Estado do Bem-Estar Social.

h) (   ) apoio à globalização da economia e total liberdade de mercado.

Legenda:

Monetarista (MON)

Keynesiana (KEY)

Marxista (MAX)

Neoliberalismo (NEO)

22. Identifique como V (VERDADEIRO) ou F (FALSO) cada afirmativa a seguir:

a) (   ) Quando o Banco Central adquire dólares no mercado, a instituição promove o aumento da oferta da moeda nacional.

b) (   ) A velocidade de circulação da moeda é determinada pelo prazo dos créditos concedidos na economia.

c) (   ) A velocidade de circulação da moeda é o número de vezes que a moeda é usada para pagar bens e serviços.

d) (   ) Poupança Nacional é igual à Renda Nacional menos os gastos com Consumo das famílias e o consumo (compras) do governo.

e) (   ) A Base Monetária compõe o ativo do Banco Central; é um crédito da instituição.

23. Admita os seguintes valores extraídos do balanço do Banco Central:

	$ Milhões
Ativo Total	$ 575.695,1
Empréstimos Externos a Pagar	$ 94.589,7
Obrigações com o Governo	$ 97.239,4
Títulos a Pagar	$ 135.984,3
Depósitos em Moeda Nacional	$ 183.484,5
Depósitos em Moeda Estrangeira	$ 6.509,7
Patrimônio Líquido	$ 14.680,0

A Base Monetária da economia, calculada pelas contas do balanço do Banco Central, é igual a:

a) $ 14.680,0.

b) $ 575.695,1.

c) $ 517.807,6.

d) $ 43.207,5.

e) $ 183.484,5.

24. Identifique como V (VERDADEIRO) ou F (FALSO) cada afirmativa a seguir:

a) ( ) Ocorrendo um aumento da taxa de investimento acima da taxa de poupança da economia, a expectativa é de queda das taxas de juros de mercado.

b) ( ) A poupança externa cresce sempre que as taxas de poupança interna superarem a demanda de capital para investimento.

c) ( ) A poupança externa traz maiores riscos financeiros às empresas brasileiras captadoras de recursos.

d) ( ) A aquisição de ações em bolsa de valores é um exemplo característico de investimento no conceito econômico.

e) ( ) A curva de demanda estabelece uma correlação inversa entre o preço de um bem e a quantidade adquirida.

25. Identifique qual descrição a seguir se refere a produtos entendidos como **Substitutos (SUB)** ou **Complementares (COM)**.

a) ( ) Quando o preço de um produto se elevar aumenta também a demanda pelo outro produto.

b) ( ) A redução no preço de um produto promove também a diminuição na demanda de outro produto.

26. Identifique nas colocações a seguir, quais se enquadram numa postura Monetarista (M) e quais se enquadram numa postura Keynesiana (K).

a) ( ) O mercado tem condições de autorrecuperação de seu equilíbrio.

b) ( ) A demanda de investimento depende essencialmente das taxas de juros.

c) ( ) A variável econômica mais eficaz da política monetária é a quantidade de dinheiro em circulação, e não a taxa de juros.

d) (   ) A política mais eficaz para se combater a recessão de uma economia é a política fiscal.

27. Acerca dos fatores de produção, assinale a alternativa **incorreta**:

a) A terra representa fator de produção primário e gera rendimentos por meio de aluguéis. Envolve terras urbanas destinadas para edificações, áreas cultiváveis e produtivas (agricultura e pecuária), e recursos naturais (água, ar, reservas minerais etc.).

b) Os investimentos produtivos são aplicações de recursos de caixa em alternativas produtivas que prometem retornos continuado, na forma de lucros.

c) O capital é geralmente representado por bens duráveis utilizados no processo de produção, e capital financeiro destinado a financiar a produção, sendo sua remuneração por meio de lucros.

d) O trabalho é fator primário e considera o tempo dedicado à execução de alguma atividade (capacidade física) e também os conhecimentos utilizados no processo de produção (capacidade intelectual). Remunerado na forma de salários.

e) A inovação tecnológica representa a substituição de fatores primários de produção por novas tecnologias, sendo remunerada por meio de *royalties* e direitos de patentes.

28. Classifique as características a seguir como Economia Centralizada (EC) ou Economia de Mercado (EM).

a) (   ) Predomina a propriedade privada.

b) (   ) Propriedades transferidas ao Estado.

c) (   ) Trata o capital como de propriedade privada, sendo formado como consequência de uma livre negociação de bens e serviços dentro de regras estabelecidas pelo mercado.

d) (   ) Pode ser avaliada por meio de um sistema perfeitamente puro, o denominado *laissez-faire*, ou por um sistema misto, em que se estabelece alguma interferência do governo.

e) (   ) Considera as propriedades como de controle direto do Estado, limitando o exercício da livre-iniciativa empresarial em favor de um sistema centralizado de planificação.

29. Identifique com V (VERDADEIRO) ou F (FALSO) cada afirmativa a seguir:

a) (   ) Desenvolvimento e crescimento econômico possuem conceitos diferentes, embora muitas vezes sejam usados como sinônimos.

b) (   ) Crescimento econômico é um conceito mais restrito, que envolve a expansão quantitativa da capacidade produtiva de um país ao longo do tempo. Diz-se que há crescimento econômico quando se observa elevação da quantidade de bens e serviços produzidos por um país superior ao de sua população.

c) (   ) O desenvolvimento econômico ressalta as condições de vida da população de um país. Por sua abrangência aos diversos setores da economia, pode ser analisado somente pela evolução da produção de um país.

d) (   ) O objetivo de crescimento e desenvolvimento econômico pelos países elevou a importância do papel do sistema financeiro.

30. Identifique as fórmulas a seguir como Produto Interno Bruto (PIB); Poupança Privada (PV); Poupança do Governo (PG); Produto Interno Líquido (PIL) e Velocidade de Circulação da Moeda (VCM).

a) (   ) PIB – Depreciação.

b) (   ) Consumo (C) + Investimento (I) + Compras do Governo (G) + Exportações Líquidas (EL).

c) (   ) Impostos Pagos – Despesas de Consumo do Governo.

d) (   ) PIB – Impostos Pagos – Despesas de Consumo.

e) (   ) PIB/ Quantidade de Moeda.

BASE MONETÁRIA

Base monetária = moeda emitida + reservas bancárias

O dinheiro emitido pelo Banco Central, conforme demonstrado, é canalizado para o mercado (público) e para os bancos. A moeda mantida pelas pessoas no mercado é denominada "papel-moeda em poder do público". Quando mantida pelos bancos são formadas duas reservas bancárias: *encaixe técnico* e *compulsórias*.

O *encaixe técnico* visa atender ao fluxo de saída de recursos financeiros dos bancos, determinado pelos saques de seus correntistas. As *reservas (depósitos) compulsórias* são depósitos obrigatórios realizados pelos bancos junto ao Banco Central, sendo um instrumento de política monetária, conforme é estudado no capítulo seguinte.

A Figura 1.1 ilustra o fluxo de dinheiro emitido pelo Banco Central.

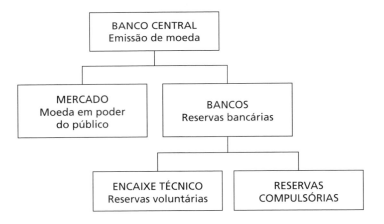

Figura 1.1 – Fluxo de dinheiro emitido pelo Banco Central.

2

POLÍTICAS ECONÔMICAS

O Capítulo 2 estuda as três políticas econômicas que os governos geralmente utilizam para atuar sobre os mercados: política monetária, política fiscal e política cambial. Trata também da inflação brasileira e seus principais indicadores de preços, bem como descreve os programas econômicos adotados no país, entre os anos de 1986 e 1994, visando debelar a inflação e promover o crescimento econômico.

O conteúdo proposto para o Capítulo 2 inclui a análise da crise econômica mundial de 2008, iniciada nos Estados Unidos com a crise do crédito *Subprime*. Aspectos essenciais das políticas econômicas podem ser identificados nessa análise.

1. Identifique, nos instrumentos de controle monetário relacionados a seguir, aquele que **não** é de competência do Banco Central:

a) Recolhimentos compulsórios (reservas obrigatórias) realizados pelos bancos comerciais.

b) Operações de *open market* (mercado aberto).

c) Autorização para emissão de papel-moeda.

d) Políticas de redesconto bancário.

e) Empréstimos de liquidez.

2. Assinale VERDADEIRO (V) ou FALSO (F) nas afirmativas a seguir:

a) (   ) Uma política monetária restritiva deverá ser adotada sempre que o crescimento da demanda estiver acima da capacidade da oferta de moeda da economia.

b) (   ) Uma elevação dos depósitos compulsórios reduzirá o custo do crédito devido ao aumento no fluxo dos meios de pagamentos.

c) (   ) Por meio das operações de *open market*, o Banco Central controla diariamente o volume de oferta da moeda, adequando a liquidez da economia à programação monetária do governo.

d) (   ) Ao elevar a taxa de redesconto é reduzida a oferta de crédito no mercado, incentivando um aumento das taxas de juros.

e) (   ) Para expandir o volume dos meios de pagamento da economia, o Banco Central emite e coloca em circulação novos títulos de dívida pública no mercado.

3. Com relação aos aspectos da política cambial, é **correto** afirmar:

a) O governo deve incentivar as exportações para que a conversão de divisas em moeda nacional promova uma redução da inflação interna da economia e auxilie, consequentemente, o controle dos juros.

b) As taxas de câmbio fixas permitem maior segurança ao governo, pois, em momentos de instabilidades econômicas, é necessária a mesma soma de reservas cambiais para manter a cotação da moeda nacional.

c) Uma desvalorização cambial reduz a competitividade do produto nacional no exterior, desestimulando as exportações do país.

d) No Brasil, o Banco Central adota atualmente o sistema cambial flutuante, que permite uma oscilação da taxa cambial de acordo com as variações da oferta e procura de moeda no mercado, sem intervenções.

e) No regime monetário do *currency board*, a quantidade de moeda em circulação passa a ser função das reservas internacionais, e não de decisões de políticas econômicas.

4. Assinale VERDADEIRO (V) ou FALSO (F) as seguintes afirmações relacionadas com a política fiscal:

a) ( ) A colocação de títulos públicos no mercado costuma vir acompanhada de sucessivas reduções nas taxas de juros da economia, para que não haja comprometimento nas contas do governo.

b) ( ) Por meio de mudanças na carga tributária, o governo influencia em sua renda disponível e no consumo agregado.

c) ( ) Gastos maiores nas despesas do governo costumam promover reduções na demanda agregada, alterando de forma negativa a renda nacional.

d) ( ) A elevação da cobrança de impostos das empresas torna o capital nelas investido menos atraente e deixa as organizações mais dependentes dos empréstimos para financiar suas atividades.

e) ( ) A emissão de moeda como forma de financiar os gastos excessivos do governo tende a aumentar a inflação, à medida que o volume de bens e serviços não acompanha o montante de dinheiro em circulação.

5. Assinale a alternativa que relaciona corretamente os itens do balanço de pagamentos com suas respectivas explicações:

I. Balança comercial

II. Balança de serviços

III. Saldo em conta-corrente

IV. Saldo do balanço de pagamentos

A. Corresponde aos vários pagamentos e recebimentos realizados entre residentes no país com o resto do mundo.

B. O seu saldo indica se entraram mais divisas no país do que saíram.

C. Registra o saldo apurado das exportações menos importações, exceto fretes e seguros.

D. Por meio do seu saldo é possível determinar se o país está exportando ou importando poupança.

a) I-A, II-C, III-D, IV-B.

b) I-B, II-D, III-A, IV-C.

c) I-C, II-A, III-D, IV-B.

d) I-C, II-A, III-B, IV-D.

e) I-D, II-C, III-B, IV-A.

ENUNCIADO REFERENTE ÀS QUESTÕES 6 A 8.

Um país realizou, com o restante do mundo, as transações a seguir em um determinado período de tempo:

A. Exportou US$ 35.000 de equipamentos financiados no longo prazo.

B. Importou US$ 15.000 de mercadorias.

C. Pagou US$ 30.000 de fretes e seguros.

D. Entraram US$ 48.000 de investimentos em forma de máquinas e equipamentos.

E. Recebeu US$ 10.000 em remessas de imigrantes.

F. Pagou uma dívida de US$ 180.000 junto a um grande banco no exterior.

G. Recebeu US$ 70.000 de lucros, US$ 10.000 de dividendos e US$ 40.000 de juros.

6. O saldo da Balança Comercial foi de:

a) US$ 35.000.

b) US$ 20.000.

c) US$ 15.000.

d) –US$ 10.000.

e) –US$ 28.000.

7. O saldo em conta-corrente foi de:

a) US$ 62.000.

b) US$ 72.000.

c) US$ 102.000.

d) US$ 110.000.

e) US$ 120.000.

8. O saldo do balanço de pagamentos foi de:

a) –US$ 65.000.

b) –US$ 60.000.

c) –US$ 47.000.

d) US$ 72.000.

e) US$ 108.000.

9. As seguintes medidas são acionadas para se evitar a instauração de uma crise cambial, **exceto**:

a) negociação de novos empréstimos emergenciais junto a organismos financeiros internacionais.

b) desvalorização cambial visando estimular as exportações.

c) medidas de controle de saída de divisas fortes do país, principalmente nos itens da conta de serviços.

d) aumento da remessa de lucros ao exterior pela entrada de investimentos diretos na economia.

e) renegociação da dívida externa com os credores.

10. Considere as seguintes afirmativas a respeito de Taxas de Juros, Empresas e Governo:

I. Para uma empresa, a taxa de juros reflete o custo de oportunidade do seu capital passivo.

II. Por meio de instrumentos de política monetária, o governo regula os níveis das taxas de juros do mercado, forçando a oferta ou procura de seus títulos de dívida.

III. A taxa de juros estabelecida livremente pelo mercado é a taxa mínima, e está sempre a seguir dos retornos oferecidos pelos ativos não governamentais.

IV. A taxa que precifica os ativos do Governo é denominada taxa referencial de risco e representa a taxa de juros base do sistema econômico.

a) Apenas a afirmativa I está correta.

b) Apenas as afirmativas I e II estão corretas.

c) As afirmativas I, II e III estão corretas.

d) As afirmativas II, III e IV estão corretas.

e) Todas as afirmativas estão corretas.

11. Os seguintes fatores compõem o *spread* cobrado pelos bancos brasileiros, **menos**:

a) Impostos indiretos e contribuições.

b) Taxa de captação do banco.

c) Despesas administrativas.

d) Lucro do banco.

e) O imposto sobre o *spread* bancário (ISB).

12. Considere as seguintes afirmativas com relação à inflação:

I.   A inflação de demanda é determinada pela expansão dos meios de pagamento acima da capacidade de crescimento da economia.

II. O crescimento da economia – aumento do PIB – costuma vir acompanhado de uma elevação nos preços gerais da economia.

III. Para conter a inflação, o governo pode aumentar a taxa básica de juros da economia, atuando na chamada inflação de custos.

IV. Aumento de salários generalizado é um típico exemplo de inflação de demanda, já que aumenta a capacidade aquisitiva dos trabalhadores que tenderão a consumir mais.

a) Somente I está correta.

b) Somente I e II estão corretas.

c) Somente I e III estão corretas.

d) Somente I e IV estão corretas.

e) Somente III está incorreta.

13. Relacione os planos promulgados no Brasil após 1986 com os seus principais aspectos:

I.   Plano Cruzado

II. Plano Bresser

III. Plano Verão

IV. Plano Collor

V. Plano Real

A. Esse plano adotou medidas para conter o déficit público e refrear a demanda por meio de uma política monetária e fiscal restritiva.

B. Fixou o câmbio em US$ 1,00 = NCz$ 1,00 e introduziu uma **Tablita** para conversão de contratos.

C. Visava atingir a inflação zero por meio do congelamento dos preços de bens e serviços e da criação de um gatilho salarial.

D. Promoveu abertura da economia ao investidor estrangeiro e realizou a privatização de grandes estatais.

E. Reintroduziu o Cruzeiro e bloqueou recursos das contas de poupança por 18 meses.

a) I-A, II-B, III-C, IV-E, V-D.

b) I-B, II-C, III-A, IV-E, V-D.

c) I-C, II-B, III-A, IV-E, V-D.

d) I-C, II-A, III-B, IV-E, V-D.

e) I-D, II-E, III-B, IV-A, V-C.

14. Identifique com V (VERDADEIRO) ou F (FALSO) as afirmativas a seguir:

a) ( ) A política de redesconto bancário permite reduzir ou expandir os Meios de Pagamento – Conceito M1.

b) ( ) Uma das principais estratégias utilizadas pelas autoridades monetárias para reduzir a taxa de juros da economia é promover a expansão de M1.

c) ( ) As variações das taxas dos depósitos compulsórios não causam mudanças nos meios de pagamento, pois somente servem para controlar as taxas bancárias.

d) ( ) O M4 é um conceito restrito de moeda, abrangendo somente os Depósitos a Prazo Fixo (CDB, RDB), Letras de Câmbio e Letras Hipotecárias.

e) ( ) Um aumento de M4 em relação a M1 é o que se denomina **desmonetização**, ocorrendo em momentos de crescimento da taxa de inflação da economia.

15. Identifique as afirmativas a seguir com V (VERDADEIRO) ou F (FALSO):

a) (   ) Se o saldo em conta-corrente do Balanço de Pagamentos de uma economia se apresentar deficitário, o déficit pode ser coberto por empréstimos e financiamentos externos, ou investimentos diretos.

b) (   ) Quando o governo de um país fornece auxílio financeiro para o governo de outro país onde ocorreu algum tipo de calamidade, tem-se um exemplo de Transferência Unilateral.

c) (   ) A manutenção de representações diplomáticas no exterior é um exemplo de Transferência Unilateral.

d) (   ) O saldo da Balança Comercial incorpora o saldo líquido das exportações menos as importações, inclusive gastos com fretes e seguros.

e) (   ) FOB e CIF são siglas usadas no comércio internacional de mercadorias. FOB ("livre a bordo" ou *free on board*) é quando as despesas com frete e seguros correm por conta do comprador. CIF ("custo, seguro e frete" ou *cost, insurance and freight*) indica que as despesas de transporte são de responsabilidade do vendedor.

16. Admita que o Banco Central exija das instituições financeiras um recolhimento compulsório equivalente a 40% do valor de seus depósitos. Uma parcela do depósito compulsório equivalente a 62,5% é efetuada em títulos públicos, remunerados à taxa de 0,90% ao mês; e os 37,5% restantes em espécie, sem nenhuma remuneração.

O resultado financeiro do compulsório das instituições financeiras, para cada R$ 100,00 de depósito captado, é igual a:

a) R$ 4,00.

b) R$ 9,00.

c) R$ 0,225.

d) R$ 40,00.

e) R$ 0,36.

17. Identifique cada afirmativa a seguir com V (VERDADEIRO) ou F (FALSO):

a) (   ) Uma taxa de câmbio é fixa quando tem seu valor atrelado a um ativo padrão.

Cap. 2 • POLÍTICAS ECONÔMICAS **23**

b) ( ) Uma balança comercial deficitária pode ser alterada por meio de uma desvalorização cambial.

c) ( ) Se uma economia operar com quatro moedas estrangeiras, apresentará quatro taxas de câmbio.

d) ( ) Os preços dos produtos importados são reduzidos quando ocorre uma desvalorização da moeda nacional em relação à moeda estrangeira.

18. Assinale o item que não faz parte da composição da Reserva Bancária:

a) Créditos concedidos.

b) Recolhimentos compulsórios.

c) Encaixe voluntário.

d) Resultados de compensação de cheques.

e) Arrecadação de tributos.

19. Identifique com V (VERDADEIRO) ou com F (FALSO) cada afirmativa a seguir:

a) ( ) A redução da oferta da moeda na economia pode ser efetuada por meio da venda, pelo Banco Central, de títulos governamentais.

b) ( ) Quando um banco realiza um empréstimo lastreado em suas captações, promove o aumento da oferta monetária da economia.

c) ( ) Quando o nível geral de preços cresce, o valor da moeda da economia também se eleva.

d) ( ) A hiperinflação é tipicamente um fenômeno verificado em uma economia na qual o governo financia seus gastos por meio da emissão de moeda.

e) ( ) Quanto maior a taxa interna de juros, menor a despesa do governo com o pagamento de sua dívida externa.

20. Nos vários aspectos de políticas econômicas citados a seguir, identifique qual se refere à política monetária (M), política cambial (C), política fiscal (F) e política de rendas (R).

a) ( ) Estrutura de gastos do governo.

b) ( ) Política de crédito.

c) (   ) Controle de salários.

d) (   ) Alíquotas de impostos incidentes sobre as empresas.

e) (   ) Cotação da moeda nacional perante moedas estrangeiras.

f) (   ) Receitas tributárias do governo.

g) (   ) Recolhimentos compulsórios dos bancos.

h) (   ) Controle das taxas de juros da economia.

21. Os títulos públicos de emissão do Tesouro Nacional são registrados e liquidados no sistema:

a) Central de Custódia e Liquidação Financeira de Títulos (CETIP).

b) Companhia Brasileira de Liquidação e Custódia (CBLC).

c) Bolsa de Valores de São Paulo (BOVESPA).

d) Sistema do Banco Central (SISBACEN).

e) Sistema Especial de Liquidação e Custódia (SELIC).

22. Admita os seguintes valores registrados nas contas nacionais:

	US$ Bilhões
Exportações	145,6
Lucros e Dividendos	(29,4)
Viagens Internacionais	(3,8)
Investimento Direto	12,2
Amortizações	(15,1)
Juros	(4,4)
Importações	119,8
Financiamentos e Empréstimos	63,4
Remessas de Imigrantes	0,9
Seguros e Fretes	(9,1)

Identifique com V (VERDADEIRO) ou F (FALSO) cada afirmativa a seguir:

a) (   ) O saldo da Balança Comercial é positivo, igual a $ 145,6.

b) (   ) O saldo da Balança de Serviços é negativo, igual a ($ 46,7).

c) (   ) O saldo em Conta Corrente é negativo, igual a ($ 19,1).

d) (   ) O saldo do Balanço de Pagamentos é positivo, igual a $ 40,5.

23. Identifique as posições de câmbio a seguir com:

I. Posição Comprada

II. Posição Vendida

III. Posição Nivelada

a) (   ) Um banco compra US$ 180.000 e vende a mesma quantia nesse dia.

b) (   ) Um banco compra US$ 220.000 e vende US$ 150.000 no mesmo dia.

c) (   ) Um banco compra US$ 90.000 e vende US$ 120.000 no mesmo dia.

24. Um banco compra moeda estrangeira (dólar USA) a R$ 3,10. Considere a queda da taxa de câmbio para R$ 2,90 para classificar as afirmativas a seguir com V (VERDADEIRO) ou F (FALSO):

a) (   ) O banco não sofre nenhuma alteração em seus resultados, pois está lastreado em moeda estrangeira.

b) (   ) O banco na posição comprada corre risco de perda caso a taxa de câmbio se reduza; e se a taxa subir é esperada a realização de um lucro.

c) (   ) Ao contrário, na posição de câmbio vendida os bancos apuram perdas quando a taxa de câmbio cair.

d) (   ) Um investidor mantém uma posição vendida de câmbio na expectativa de apurar um lucro com a desvalorização da taxa de câmbio (queda da cotação).

25. Identifique a alternativa falsa. Considere que há somente uma afirmação errada.

a) A taxa de juros é o preço do crédito.

b) Em certos momentos a taxa de juros pode ser negativa. Isto ocorre geralmente quando, em alguns mercados, os preços futuros forem inferiores aos valores presentes.

c) A taxa de juros é livremente estabelecida pelo mercado, sem a interferência das autoridades monetárias.

d) Variações nas taxas de juros influenciam o consumo das pessoas e os investimentos das empresas. Há uma relação inversa entre o comportamento dos juros e o consumo na economia.

e) A taxa básica de juros de uma economia é representada pela remuneração dos títulos públicos emitidos pelo Tesouro Nacional. Essa taxa serve de referência para o mercado financeiro.

26. Considerando as afirmações a seguir, identifique a alternativa **correta**.

I.   O PIB mensura somente o valor dos bens finais tangíveis. Os bens intangíveis não são incluídos no cálculo do PIB.

II. O cálculo do PIB leva em consideração o valor de mercado tanto dos bens finais como dos bens intermediários.

a) Ambas as afirmativas estão erradas.

b) Ambas as afirmativas estão corretas.

c) Somente a afirmativa I está correta.

d) Somente a afirmativa II está correta.

27. Em determinado ano foram levantados os seguintes resultados em uma economia:

Consumo Privado	= $ 3.120,0 milhões
Investimentos	= $ 970,0 milhões
Compras do Governo	= $ 1.120,0 milhões
Exportações	= $ 220,0 milhões
Importações	= $ 310,0 milhões

A partir desses valores o resultado do PIB atinge:

a) $ 5.740,0 milhões.

b) $ 2.090,0 milhões.

c) $ 4.150,0 milhões.

d) $ 4.430,0 milhões.

e) $ 5.120,0 milhões.

28. Identifique com V (VERDADEIRO) ou F (FALSO) cada afirmativa a seguir:

a) (   ) As operações de mercado aberto processam-se inicialmente por meio da colocação (ou resgate) de títulos públicos, permitindo que as autoridades monetárias executem a política de expansão ou retração dos meios de pagamento da economia.

b) ( ) Se o Banco Central compra títulos públicos, ocorre uma contração dos meios de pagamento. Em caso contrário, ao vender títulos da dívida pública, provoca uma expansão da liquidez da economia.

c) ( ) O mercado primário é representado pela negociação direta entre o emitente dos títulos (governo) e seus adquirentes (instituições financeiras).

d) ( ) No mercado secundário verifica-se a transferência (ou renegociação) para terceiros dos títulos adquiridos no mercado primário, no qual não ocorre a negociação direta entre o órgão público emitente do título e os poupadores.

e) ( ) As colocações secundárias dos títulos públicos costumam desenvolver-se por meio de leilões periódicos, coordenados pelo Banco Central, nos quais são estabelecidas *a priori* as principais características da oferta.

29. Identifique as definições de câmbio a seguir com:

I. Câmbio fixo

II. *Currency board*

III. Câmbio flutuante

IV. Câmbio *spot*

V. Câmbio *forward*

a) ( ) Operação a prazo, que tem seus principais parâmetros de negociação determinados livremente pelas partes contratantes.

b) ( ) Utilizado na realização de operações de câmbio para liquidação imediata.

c) ( ) Sistema em que a autoridade monetária assume o compromisso legal de efetuar o câmbio de moeda nacional por moeda estrangeira forte (moeda âncora) a uma cotação fixa.

d) ( ) Tem seu valor atrelado a um referencial fixo, como ouro, dólar ou até mesmo uma cesta de moedas de diversas economias.

e) ( ) As taxas acompanham livremente as oscilações da economia, ajustando-se mediante alterações em seus valores.

30. Identifique os índices de inflação a seguir com:

I.   Índice de Preços ao Consumidor Ampliado (IPCA).

II. Índice Nacional de Preços ao Consumidor (INPC).

III. Índice Geral de Preços – Disponibilidade Interna (IGP-DI).

IV. Índice Geral de Preços do Mercado (IGP-M).

a) ( ) Índice de preços usado contratualmente para a correção de determinados preços administrados.

b) ( ) Índice de preços mais relevante do ponto de vista de política econômica, tendo sido selecionado pelo Conselho Monetário Nacional como referência para o sistema de metas de inflação, implementado no Brasil em 1999.

c) ( ) Índice de preços mais utilizado como indexador financeiro, principalmente para títulos de dívida pública federal. Também corrige preços administrados.

d) ( ) Índice de preços mais utilizado em dissídios salariais, pois mede a variação de preços para quem está na faixa salarial de até 6 salários mínimos.

POLÍTICAS ECONÔMICAS

Política Monetária		
	EXPANSIONISTA Maior Liquidez	**RESTRITIVA** Menor Liquidez
Depósitos compulsórios	Diminui o percentual de recolhimento	Aumenta o percentual de recolhimento
Mercado Aberto (*Open Market*)	Governo injeta dinheiro na economia adquirindo títulos públicos	Governo retira dinheiro da economia vendendo títulos públicos
Política de Redesconto Bancário	Autoridade monetária reduz a taxa de juros e aumenta o prazo da operação	Autoridade monetária aumenta a taxa de juros e reduz o prazo da operação

A **política fiscal** define as escolhas do Governo em relação aos seus gastos e tributos cobrados. Essa política econômica no curto prazo afeta mais diretamente a demanda da economia, e a longo prazo, o crescimento e a poupança.

Quando o Governo altera os impostos ocorre uma influência da capacidade de consumo e poupança das famílias.

No Brasil, as taxas de câmbio são livremente pactuadas entre os agentes (compradores e vendedores de moedas estrangeiras) e a instituição financeira autorizada pelo Bacen a operar no mercado cambial. As taxas de câmbio de mercado são divulgadas diariamente ao mercado, indicando as cotações das diversas moedas estrangeiras. Muitas vezes, a taxa de câmbio é divulgada como **câmbio (ou dólar) comercial** e **câmbio (ou dólar) turismo**. Essas taxas indicam, em essência, as diferentes taxas praticadas nas diferentes operações.

Assim, **câmbio turismo** reflete as operações de compra e venda de moeda estrangeira realizadas para viagens internacionais; **câmbio comercial** reflete as operações de câmbio nos mercados de comércio internacional. É importante registrar que existe somente um único mercado legal de câmbio no Brasil. As diferentes expressões (comercial e turismo) indicam somente a natureza das operações.

3

SISTEMA FINANCEIRO NACIONAL

O Capítulo 3 desenvolve a estrutura e o funcionamento do Sistema Financeiro Nacional, cujo objetivo básico é o de promover, da forma mais eficiente possível, a formação dos fluxos de fundos entre os agentes tomadores e aplicadores de recursos.

Por meio do estudo das instituições, que formam os subsistemas normativo e de intermediação do Sistema Financeira Nacional, é possível identificar quais são as responsabilidades, as características e a importância de cada uma delas, para o bom funcionamento do mercado financeiro brasileiro.

O capítulo descreve, ainda, os organismos financeiros internacionais.

MERCADO FINANCEIRO – EXERCÍCIOS E PRÁTICA • *Assaf Neto*

1. O órgão normativo máximo do Sistema Financeiro Nacional é:

a) Comitê de Política Econômica (COPOM).

b) Banco Central do Brasil (BACEN).

c) Confederação Nacional das Instituições Financeiras (CNF).

d) Conselho Monetário Nacional (CMN).

e) Comissão de Valores Mobiliários (CVM).

2. Fazem parte do subsistema normativo:

a) Conselho Monetário Nacional, Banco Central do Brasil e Sistema Brasileiro de Poupança e Empréstimo.

b) Banco Central do Brasil, Comissão de Valores Mobiliários e Instituições Especiais.

c) Banco do Brasil, Caixa Econômica Federal e Instituições Não Financeiras.

d) Conselho Monetário Nacional, Comissão de Valores Mobiliários e Instituições Auxiliares.

e) Banco Nacional de Desenvolvimento Econômico e Social, Instituições Financeiras Bancárias e Instituições Financeiras Não Bancárias.

3. Não é de competência do Conselho Monetário Nacional:

a) executar a política monetária por meio do controle dos meios de pagamento.

b) regular as operações de redescontos e as operações do mercado aberto.

c) processar todo o controle do sistema financeiro, influenciando as ações de órgãos normativos como o BNDES.

d) assumir funções de legislativo das instituições financeiras públicas e privadas.

e) formular toda a política de moeda e crédito, objetivando atender aos interesses econômicos e sociais do país.

4. O Conselho Monetário Nacional tem as seguintes atribuições, **exceto**:

a) acionar medidas de prevenção ou correção de desequilíbrios econômicos.

b) regulamentar as operações de câmbio.

c) fixar as diretrizes e as normas da política cambial.

d) regular a constituição e o funcionamento das instituições financeiras.

Cap. 3 • SISTEMA FINANCEIRO NACIONAL **33**

e) fiscalizar as instituições financeiras, aplicando, quando necessárias, as penalidades previstas em lei.

5. As alternativas a seguir dizem respeito às principais atribuições de competência do Banco Central do Brasil, **exceto**:

a) efetuar operações de compra e venda de títulos públicos federais dentro do âmbito das instituições financeiras bancárias.

b) assegurar a lisura nas operações de compra e venda de valores mobiliários.

c) receber depósitos compulsórios dos bancos.

d) realizar e controlar as operações de redesconto e de empréstimos.

e) executar a emissão do dinheiro e controlar a liquidez do mercado.

6. Assinale VERDADEIRO (V) ou FALSO (F) nas afirmativas a seguir:

a) (   ) Cabe à Comissão de Valores Mobiliários promover medidas incentivadoras à canalização das poupanças ao mercado acionário.

b) (   ) O Banco do Brasil assume, simultaneamente, as funções de agente financeiro do Governo Federal, Banco Comercial e Banco de Investimento e Desenvolvimento.

c) (   ) O BNDES opera, na maioria das vezes, de forma direta na concessão de crédito às empresas consideradas de interesse ao desenvolvimento do país.

d) (   ) Após a extinção do Banco Nacional de Habitação, suas funções foram incorporadas pelo Banco do Brasil, o principal agente do Sistema Financeiro de Habitação.

e) (   ) A Caixa Econômica Federal administra com exclusividade os serviços de loteria federal, além de ser a principal arrecadadora do FGTS.

7. Estão inseridos no subsistema de intermediação:

a) Instituições Financeiras Bancárias, Instituições Financeiras Não Bancárias e Instituições Especiais.

b) Instituições Financeiras Bancárias, Instituições Financeiras Não Bancárias e Conselho Monetário Nacional.

c) Instituições Financeiras Bancárias, Sistema Brasileiro de Poupança e Empréstimo e Instituições Não Financeiras.

d) Instituições Financeiras Não Bancárias, Sistema Brasileiro de Poupança e Empréstimo e Banco Central do Brasil.

e) Sistema Brasileiro de Pagamentos, Comissão de Valores Mobiliários e Instituições Financeiras Bancárias.

8. Sobre as Instituições Financeiras Bancárias, preencha as lacunas de **a** a **e**, de acordo com as características de bancos comerciais (**A**) ou bancos múltiplos (**B**):

a) (   ) Surgiram para equilibrar as disponibilidades de recursos entre instituições deficitárias e superavitárias do mesmo grupo.

b) (   ) Executam operações de crédito caracteristicamente de curto prazo.

c) (   ) Possuem capacidade de criação de moeda com base nos depósitos à vista captados no mercado.

d) (   ) Formados com base nas atividades de banco comercial, banco de investimento, sociedade de crédito e sociedade de arrendamento mercantil.

e) (   ) São classificados em bancos de varejo, bancos de negócios, *private bank*, *personal bank* ou *corporate bank*.

9. Considere as seguintes afirmativas a respeito das instituições financeiras não bancárias:

I. Repasses de recursos oficiais de crédito e de recursos captados no exterior são características dos bancos de investimento.

II. Os bancos de desenvolvimento constituem-se em instituições públicas que apoiam o setor privado da economia.

III. Para lastrear suas operações de *leasing*, as sociedades de arrendamento mercantil emitem debêntures no Brasil e no exterior.

IV. As empresas conhecidas como promotoras de vendas são instituições financeiras que atuam no financiamento de bem duráveis às pessoas físicas, por meio do crédito direto ao consumidor, alavancando as vendas do varejo.

a) As afirmativas I, II e III estão corretas.

b) As afirmativas I, II e IV estão corretas.

c) Apenas as afirmativas I e II estão corretas.

d) Apenas as afirmativas II e III estão corretas.

e) Todas as afirmativas estão corretas.

10. Sobre as bolsas de valores, é **incorreto** afirmar que:

a) São organizações que promovem negociações com títulos e valores mobiliários, atuando em diversos mercados.

b) As pessoas jurídicas públicas também podem negociar seus títulos e valores mobiliários nas bolsas de valores.

c) As bolsas têm a responsabilidade pela fixação de um preço justo, formado por consenso de mercado, mediante mecanismos de oferta e procura.

d) É de obrigação das bolsas de valores a divulgação de todas as operações realizadas dentro do menor prazo e maior amplitude possível.

e) As *clearing* atuam no mercado de balcão, que resumem as operações realizadas com diferentes tipos de papéis, sem a necessidade de registro na bolsa.

11. Assinale VERDADEIRO (V) ou FALSO (F) nas afirmativas a seguir:

a) ( ) As sociedades corretoras são as únicas instituições que podem participar de lançamentos públicos de ações.

b) ( ) As operações de compra e venda de títulos e valores mobiliários de um Clube de Investimento são registradas em nome dos investidores que compõem o clube.

c) ( ) As sociedades distribuidoras podem aplicar em títulos e valores mobiliários de renda fixa ou variável por sua própria conta.

d) ( ) O *factoring* não é considerado uma operação financeira de crédito, já que a sociedade de fomento comercial adquire definitivamente os valores recebíveis, inclusive o risco do não pagamento dos valores envolvidos na operação.

e) ( ) Os membros de um Clube de Investimento recebem os resultados auferidos em suas operações com títulos ao final de cada mês.

12. Podemos fazer as seguintes afirmações sobre os organismos financeiros internacionais, **exceto** que:

a) o Fundo Monetário Internacional (FMI) tem como um dos seus objetivos a promoção do crescimento do comércio mundial, por meio de um regime de estabilidade cambial.

b) os empréstimos do FMI aos países com problemas no balanço de pagamentos são efetuados em ouro físico, que depois é convertido em moeda do país recebedor dos recursos.

c) os recursos do Banco Mundial são originados de colocações de títulos de emissão própria no mercado financeiro internacional e de contribuições de países ricos.

d) o Banco Internacional de Reconstrução e Desenvolvimento tem por objetivo financiar investimentos direcionados às necessidades básicas de desenvolvimento produtivo dos países em desenvolvimento.

e) a Companhia Internacional de Financiamento avalia os projetos que vai financiar com base nas perspectivas de lucros e benefícios sociais à comunidade.

13. **Não** representa vantagem de um investidor ao aplicar em ações:

a) Recebimento, no mínimo, do dividendo obrigatório por lei em forma de dinheiro.

b) Direito de subscrição quando o valor de mercado da ação for valorizado em relação ao preço do lançamento.

c) Valorização do valor das ações no mercado.

d) Direito de adquirir no futuro um lote de ações a preço de mercado.

e) Recebimento de uma bonificação de novas ações quando ocorrer o aumento de capital, efetuado por meio de incorporação de reservas.

14. Assinale a alternativa que relaciona corretamente alguns dos principais papéis privados negociados no mercado com as suas características:

A. *Depositary Receipts* – DRs

B. *Commercial Paper*

C. *Export Notes*

D. Debêntures

E. Letras de Câmbio

1. Nota promissória de curto prazo emitida por uma sociedade tomadora de recursos para financiar seu capital de giro.

Cap. 3 • SISTEMA FINANCEIRO NACIONAL **37**

2. Títulos de crédito de longo prazo emitidos por sociedades anônimas, tendo por garantia seus ativos.

3. Captação de recursos no exterior mediante lastreio em ações ordinárias de uma empresa brasileira, custodiadas em uma instituição financeira.

4. Constituem-se no principal *funding* das operações de financiamento de bens duráveis realizadas pelas Sociedades Financeiras.

5. Devido às suas características, permite a realização de *hedge* (proteção) cambial para as empresas brasileiras.

   a) A-1, B-3, C-5, D-2, E-4.

   b) A-2, B-1, C-5, D-3, E-4.

   c) A-3, B-1, C-5, D-2, E-4.

   d) A-3, B-1, C-2, D-5, E-3.

   e) A-4, B-1, C-5, D-2, E-3.

15. Analise as afirmativas a seguir e assinale a alternativa **correta**:

I. Os certificados de depósito bancário (CDB) são nominativos e intransferíveis.

II. As taxas negociadas no mercado interfinanceiro seguem a variação da taxa Selic, determinada pelo Comitê de Política Econômica – Copom.

III. As letras de câmbio são títulos emitidos pelas Instituições Financeiras e aceitos pelos financiados dos contratos de crédito.

IV. Os recursos obtidos pela colocação de letras hipotecárias são utilizados pelas instituições para lastro de créditos imobiliários, geralmente quando as captações das cadernetas de poupança não forem suficientes devem lastrear os financiamentos.

   a) As afirmativas I, II, e III estão corretas.

   b) As afirmativas II, III e IV estão corretas.

   c) Apenas as afirmativas I e II estão corretas.

   d) Apenas as afirmativas II e III estão corretas.

   e) Apenas a afirmativa IV está correta.

16. Identifique a instituição que **não** se classifica como Instituição Financeira Bancária:

   a) Bancos Comerciais.

b) Bancos de Investimentos.

c) Bancos Múltiplos.

d) Caixas Econômicas.

17. Assinale o título que **não** é classificado como valor mobiliário:

a) Partes beneficiárias.

b) *Commercial papers.*

c) Ações.

d) Títulos Públicos.

e) Debêntures.

18. Identifique, em cada título citado a seguir, o respectivo emitente:

A – Banco Comercial/Múltiplo

B – Banco de Investimento

C – Companhia Aberta

D – Instituição Financeira

E – Instituição que atua com Crédito Imobiliário

F – Sociedade Financeira

G – Sociedade de Crédito Imobiliário

H – Tesouro Nacional

(   ) Debênture.

(   ) Letra de Câmbio.

(   ) Certificado de Depósito Interfinanceiro (CDI).

(   ) Cota de Fundo de Investimento.

(   ) Letra Imobiliária.

(   ) Ação.

(   ) Certificado de Depósito Bancário (CDB).

(   ) *Commercial Paper.*

(   ) Letra Hipotecária.

(   ) Título Público.

19. Letras hipotecárias são títulos lastreados em:

a) Crédito direto ao consumidor.

b) Depósito a prazo fixo.

c) Crédito imobiliário.

d) Empréstimo com garantias reais.

e) Debêntures emitidas por empresas de construção civil.

20. Assinale a afirmativa **correta**:

a) A atividade de agente autônomo de investimento pode ser exercida por pessoa natural ou jurídica, desde que autorizada pelo Banco Central do Brasil.

b) O agente autônomo de investimento atua de forma independente no mercado financeiro, assumindo total independência na atividade de distribuição e mediação de títulos e valores mobiliários.

c) O agente autônomo de investimento pode ser considerado um assessor de investimentos, que orienta os agentes econômicos em suas aplicações no mercado financeiro.

d) Todo agente autônomo de investimento está habilitado a administrar carteiras de investimentos.

e) Somente pessoa jurídica pode ser credenciada como agente autônomo de investimento.

21. Assinale VERDADEIRO (V) ou FALSO (F) nas afirmativas a seguir:

a) (   ) Todas as instituições financeiras do mercado financeiro são supervisionadas pelo Banco Central, inclusive a Bolsa de Valores.

b) (   ) Os bancos múltiplos com carteiras comerciais equiparam-se aos bancos comerciais.

c) (   ) O Banco do Brasil atua como uma autarquia pública federal, estando vinculado à Secretaria do Tesouro Nacional.

d) (   ) A Caixa Econômica Federal é responsável pela gestão e normatização do Sistema Financeiro de Habitação (SFH).

e) (   ) As Sociedades de Crédito, Financiamentos e Investimentos (SCFI) captam recursos no mercado por meio da emissão e colocação de Letras de Câmbio e CDBs.

22. Assinale VERDADEIRO (V) ou FALSO (F) nas afirmativas a seguir:

a) (   ) O Banco Central do Brasil tem o poder de emitir títulos públicos e negociar esses papéis no mercado.

b) (   ) O Banco Central tem, entre outras atribuições, fiscalizar e regular o mercado de ações e outros valores mobiliários.

c) (   ) As Sociedades Corretoras de Títulos e Valores Mobiliários são instituições independentes no mercado financeiro, que operam fora das Bolsas de Valores.

d) (   ) A emissão de papel-moeda na economia é de competência do Banco Central.

e) (   ) Os Bancos de Investimentos podem captar depósitos a prazo com os investidores.

23. Assinale a alternativa **incorreta** acerca das características diferenciadoras das cooperativas de crédito:

a) Não possuem finalidades lucrativas e não estão, ainda, sujeitas a falência.

b) Estão preferencialmente voltadas a seus associados e, apesar de oferecerem os mesmos encargos e taxas de mercado nos empréstimos, oferecem melhores condições para aplicações financeiras.

c) Os depósitos à vista são captados de seus associados e não estão sujeitos a recolhimentos compulsórios no Banco Central.

d) O cliente é, ao mesmo tempo, um associado da cooperativa, permitindo com isso que possa usufruir de algumas vantagens.

e) Com relação à captação de recursos, as cooperativas de crédito podem receber depósitos somente de seus associados, e levantar empréstimos (e linhas de repasses) em instituições financeiras no país e exterior.

24. Identifique, em cada permissão a seguir, a respectiva sociedade:

Sociedade corretora (SC)

Sociedade distribuidora (SD)

a) (   ) Aplicar, por conta própria ou de terceiros, em títulos e valores mobiliários de renda fixa e variável.

b) (   ) Intermediar operações no mercado de câmbio e em bolsas de mercadorias.

c) (   ) Efetuar operações de compra e venda de metais preciosos, por conta própria e de terceiros.

d) (   ) Somente participar em lançamentos públicos de ações.

e) (   ) Prestar serviços de assessoria técnica em operações inerentes ao mercado financeiro.

f) (   ) Operar em bolsas de mercadorias e futuros, por conta própria e de terceiros.

25. Assinale VERDADEIRO (V) ou FALSO (F) nas afirmativas a seguir:

a) (   ) Bancos comerciais e múltiplos, Caixa Econômica Federal e BNDES são supervisionados pelo Banco Central.

b) (   ) As sociedades financeiras, de crédito imobiliário e de arrendamento mercantil são supervisionadas pelo Banco Central.

c) (   ) As corretoras e distribuidoras de títulos e valores mobiliários e de câmbio são supervisionadas pela Comissão de Valores Mobiliários.

d) (   ) As sociedades seguradoras e as entidades abertas de previdência complementar são supervisionadas pela Superintendência de Seguros Privados.

e) (   ) Os fundos de investimento são supervisionados pelo Banco Central.

26. Relacione os organismos financeiros internacionais com suas respectivas funções básicas:

Fundo Monetário Internacional (FMI)

Banco Mundial (BM)

Banco Interamericano de Desenvolvimento (BID)

a) (   ) O apoio financeiro e a assistência prestada aos países em desenvolvimento visam ajudar no combate à pobreza.

b) (   ) Recursos provenientes do capital aportado pelos países-membros e também da emissão de títulos em mercados de capitais internacionais.

c) ( ) Oferece apoio financeiro (empréstimos) a países com desequilíbrio no balanço de pagamentos, apoiando também medidas de ajuste e reforma estrutural das várias economias mundiais.

d) ( ) Capacita tecnicamente os governos em áreas especializadas, visando a elaboração de políticas econômicas mais adequadas.

e) ( ) Além das operações normais de crédito, também concede doações e assistência técnica aos países mais carentes, e desenvolve pesquisas cujos resultados são importantes para a formulação de políticas econômicas eficazes.

f) ( ) Recursos originados de colocações de títulos de emissão própria no mercado financeiro internacional e de contribuições recebidas de países ricos.

27. Assinale a alternativa que relaciona corretamente as instituições financeiras não bancárias com as suas características:

A. Bancos de investimento

B. Bancos de desenvolvimento

C. Sociedades de crédito, financiamento e investimento

D. Sociedades de arrendamento mercantil

E. Sociedades de crédito imobiliário

F. Associações de poupança e empréstimo

1. Apoiam formalmente o setor privado da economia, por meio principalmente de operações de empréstimos e financiamentos, arrendamento mercantil, garantias, entre outras, que visam promover o desenvolvimento econômico e social da região onde atuam.

2. Instituições financeiras que atuam na área habitacional, por meio de financiamentos imobiliários. Costumam atuar de forma restrita a determinada região e são constituídas sob a forma de sociedades civis sem fins lucrativos.

3. Mais conhecidas por financeiras, dedicam-se basicamente ao financiamento de bens duráveis às pessoas físicas (usuários finais) por meio do mecanismo denominado crédito direto ao consumidor – CDC.

4. São os grandes municiadores de créditos de médio e longo prazos no mercado, suprindo os agentes carentes de recursos para investimento em capital de giro e capital fixo.

5. Os recursos que lastreiam suas operações são levantados principalmente por meio de emissões de debêntures e empréstimos no país e no exterior. Essas instituições também praticam operações de cessões de créditos, que consistem na negociação das contraprestações dos contratos realizados com outras instituições financeiras.

6. Voltam-se ao financiamento de operações que envolvem a compra e a venda de bens imóveis. Prestam apoio financeiro também a operações como vendas de loteamentos e incorporações de prédios.

a) B-1; F-2; C-4; A-3; D-6; E-5.

b) B-1; F-2; C-3; A-4; D-5; E-6.

c) B-1; F-6; C-3; A-4; D-5; E-2.

d) B-4; F-6; C-3; A-1; D-5; E-2.

e) B-4; F-3; C-2; A-1; D-5; E-6.

28. Julgue as afirmativas a seguir:

I. A SUSEP[1] é o órgão responsável pelo controle e fiscalização dos mercados de seguro, previdência privada aberta, capitalização e resseguro.

II. Representa uma atribuição da SUSEP prescrever os critérios de constituição das Sociedades Seguradoras, de Capitalização, Entidades de Previdência Privada Aberta e Resseguradores, com fixação dos limites legais e técnicos das respectivas operações.

III. A SUSEP deve zelar pela liquidez e solvência das sociedades que integram o mercado.

IV. A SUSEP é uma autarquia vinculada ao Ministério da Fazenda.

a) As afirmativas I e III estão corretas.

b) As afirmativas I e IV estão corretas.

c) As afirmativas II e IV estão corretas.

---

[1] Informações adicionais sobre a SUSEP estão disponíveis em: http://www.susep.gov.br. Acesso em: 8 jan. 2019.

d) As afirmativas I, III e IV estão corretas.

e) Todas as afirmativas estão corretas.

29. Julgue as afirmativas a seguir:

I. A Superintendência Nacional de Previdência Complementar (Previc)[2] é uma autarquia de natureza especial, dotada de autonomia administrativa e financeira e patrimônio próprio, vinculada ao Ministério da Fazenda, com sede e foro no Distrito Federal.

II. Não cabe à Previc autorizar a constituição e o funcionamento das entidades fechadas de previdência complementar.

III. A Previc atua em todo o território nacional como entidade de fiscalização e supervisão das atividades das entidades fechadas de previdência complementar e de execução das políticas para o regime de previdência complementar operado pelas referidas entidades.

IV. Não cabe à Previc decretar intervenção e liquidação extrajudicial das entidades fechadas de previdência complementar e nomear interventor ou liquidante, nos termos da lei.

a) As afirmativas I e III estão corretas.

b) As afirmativas I e IV estão corretas.

c) As afirmativas II e IV estão corretas.

d) As afirmativas I, III e IV estão corretas.

e) Todas as afirmativas estão corretas.

30. Considere os organismos financeiros internacionais e assinale VERDADEIRO (V) ou FALSO (F) nas afirmativas a seguir:

a) (   ) O BIS (Banco para Pagamentos Internacionais) costuma participar somente de forma direta, por meio do aporte de recursos, de toda iniciativa de recuperação financeira do sistema financeiro internacional.

---

[2] Informações adicionais sobre a Previc estão disponíveis em: http://www.previc.gov.br. Acesso em: 8 jan. de 2019.

b) (   ) O G-20 é uma organização financeira formal, que possui quadro de pessoal permanente. Sua principal função é promover discussões sobre o crescimento e o desenvolvimento da economia mundial, e cooperação internacional.

c) (   ) Os blocos econômicos adotam medidas facilitadoras ao intercâmbio comercial, estabelecendo relações econômicas privilegiadas entre os países-membros como redução ou isenção de impostos, tarifas alfandegárias e demais taxas, livre circulação de mão de obra e de capitais.

d) (   ) A participação de cada país-membro no Fundo Monetário Internacional (FMI) serve como referência para a definição de seu poder de voto, ponderando uma quantidade fixa de votos pela quota paga, mais um adicional por cada valor que venha a exceder.

e) (   ) O apoio financeiro e assistência prestada pelo Banco Interamericano de Desenvolvimento (BID) aos países em desenvolvimento ao redor do mundo visam ajudar no combate à pobreza. Os créditos oferecidos são de longo prazo, muitas vezes maior que os oferecidos pelas instituições privadas, e cobram juros bastante reduzidos.

ESTRUTURA DO SISTEMA FINANCEIRO NACIONAL

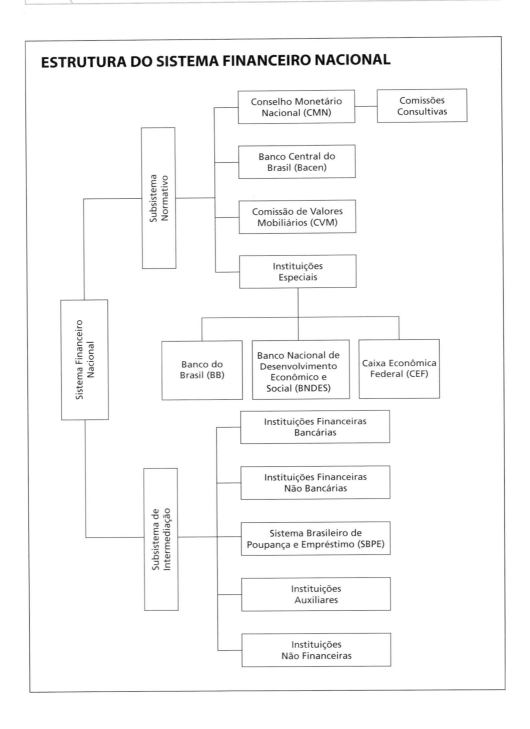

4

MERCADOS FINANCEIROS: MONETÁRIO E CRÉDITO

O Capítulo 4 descreve a intermediação financeira de forma segmentada, enfatizando o mercado monetário e o mercado de crédito. Descreve também os principais títulos de crédito e títulos públicos negociados nesses mercados.

Por meio do estudo dos mecanismos de controle da política monetária é possível entender como as operações com títulos públicos são realizadas, bem como o impacto que a compra e a venda desses títulos tem na liquidez da economia. Conhecer e compreender as diferenças entre as taxas de juros praticadas no mercado financeiro também é essencial nesse contexto.

Por fim, dada a importância do mercado de crédito, que visa suprir as necessidades de caixa de curto e médio prazos dos vários agentes econômicos, entender os produtos disponíveis é essencial para que a intermediação financeira seja tão eficiente, quanto possível.

1. Os seguintes títulos são negociados no mercado monetário, **exceto**:

a) Letras do Tesouro Nacional – LTN (Tesouro Prefixado).

b) Notas do Banco Central – NBC.

c) Certificados de Depósitos Interfinanceiros – CDI.

d) Certificado de Depósito Bancário – CDB.

e) Adiantamentos sobre Cambiais Entregues – ACE.

2. Sobre os sistemas SELIC e CETIP, assinale a única alternativa **incorreta**:

a) Os sistemas têm o objetivo de promover a boa liquidação das operações do mercado monetário, propiciando segurança e autenticidade nos negócios realizados.

b) O SELIC foi desenvolvido para operar com títulos privados e a CETIP para abrigar apenas os títulos públicos.

c) Por meio da taxa SELIC, as instituições financeiras podem adquirir e vender títulos todos os dias, criando a taxa *overnight*.

d) A taxa SELIC é aceita como taxa livre de risco e referencia o custo do dinheiro no mercado financeiro.

3. Assinale a alternativa que relaciona corretamente o título público com a sua forma de remuneração:

A. Tesouro SELIC (Letras Financeiras do Tesouro – LFT)

B. Tesouro IPCA

C. Tesouro Prefixado (Letras do Tesouro Nacional – LTN)

I. Têm seus rendimentos definidos pela média da taxa Selic (*overnight*), garantindo uma rentabilidade de mercado ao investidor.

II. Oferecem rendimentos pós-fixados e atrelados a um indexador da economia, com prazo mínimo de emissão de três meses.

III. Apresentam rendimentos prefixados e são negociados com deságio (desconto) sobre o valor nominal.

a) A-I, B-II, C-III.

b) A-I, B-III, C-II.

c) A-II, B-I, C-III.

Cap. 4 • MERCADOS FINANCEIROS: MONETÁRIO E CRÉDITO   **49**

d) A-II, B-III, C-I.

e) A-III, B-II, C-I.

4. Assinale a única afirmativa **correta**:

a) Os títulos públicos prefixados pagam juros somente no vencimento.

b) A taxa de juros de um título público prefixado expressa a taxa real, líquida da inflação.

c) Os títulos públicos pós-fixados são corrigidos unicamente com base em índices de inflação da economia.

d) O investidor somente não incorre em risco ao adquirir um título público se mantiver o título em carteira até o seu vencimento.

5. Assinale VERDADEIRO (V) ou FALSO (F) nas seguintes afirmativas:

a) (   ) Quando o Banco Central compra títulos de sua emissão no mercado, provoca uma redução da oferta monetária da economia.

b) (   ) As operações de *open market* podem ser realizadas tanto por instituições financeiras bancárias, como pelas sociedades de fomento comercial – *factoring*.

c) (   ) O mecanismo de *open market* permite que uma instituição financeira venda um título público de sua posse com o compromisso de recomprá-lo em uma data futura, financiando assim sua posição.

d) (   ) Para controlar a capacidade de criação de moeda pelos bancos, as autoridades bancárias estabeleceram obrigatoriedade de depósitos compulsórios junto ao Banco Central.

e) (   ) Uma elevação nas taxas de redesconto do mercado interfinanceiro tende a atuar como um fator inibidor da oferta da moeda, exigindo que as instituições bancárias elevem suas reservas voluntárias, operando com maior liquidez.

6. Identifique com VERDADEIRO (V) ou FALSO (F) as seguintes afirmativas:

a) (   ) A taxa Selic incorpora um prêmio mínimo de risco sistemático (risco da conjuntura).

b) (   ) A taxa DI é formada no mercado interfinanceiro pelas negociações de títulos públicos federais, sendo calculada pela taxa média diária dos negócios realizados.

c) (   ) A taxa Selic representa a taxa máxima de juros praticada no mercado financeiro.

d) (   ) Tanto a taxa Selic quanto a taxa DI podem ser usadas como taxas livres de risco (ou de risco mínimo).

7. Sobre as operações do mercado de crédito, é **correto** afirmar que:

a) São realizadas apenas por instituições financeiras bancárias, por meio de empréstimos e financiamentos a pessoas físicas e jurídicas.

b) Nas operações de desconto bancário, a responsabilidade final da liquidação do título negociado perante o banco é do sacado, pois o tomador de recursos transfere o risco para o banco mediante o pagamento de juros.

c) Operações de *vendor* constituem-se em repasses de recursos captados no exterior por bancos nacionais para as empresas financiarem suas necessidades de capital de giro.

d) *Hot money* é uma operação de empréstimo de curtíssimo prazo, que tem por objetivo principal cobrir as necessidades mais prementes de caixa das empresas.

e) O crédito direto ao consumidor (CDC) é uma operação destinada a suprir as necessidades imediatas de caixa das pessoas físicas que estejam em situação de inadimplência.

8. As afirmativas a seguir se referem a modalidades de financiamentos existentes para empresas que realizam operações comerciais internacionais. Assinale a única **incorreta**:

a) O importador (devedor) de uma dívida internacional pode transferir a responsabilidade de seu pagamento a um banco mediante sua liquidação antecipada, ganhando um deságio no montante pago.

b) Em uma operação de assunção de dívidas, a instituição compradora da dívida pode transferir os recursos a tomadores interessados em operar no mercado cambial, obtendo um ganho pelo diferencial de taxa.

Cap. 4 • MERCADOS FINANCEIROS: MONETÁRIO E CRÉDITO / **51**

c) No Adiantamento de Contrato de Câmbio (ACC) a instituição financeira adianta ao exportador os recursos lastreados nos contratos de câmbio firmados com o importador estrangeiro.

d) Um dos benefícios do Adiantamento sobre Cambiais Entregues (ACE) é a possibilidade de o exportador nacional poder dar mais prazo para o importador no exterior liquidar sua dívida.

e) A responsabilidade pelo pagamento (liquidação) das operações de ACC e ACE é do importador no exterior, que arcará com os encargos adicionais das operações vencidas.

9. Com relação aos cheques, é **correto** afirmar que:

a) O emitente (sacador) é a pessoa a favor de quem o cheque foi emitido.

b) O sacado é o banco onde o cheque foi depositado.

c) Um cheque cruzado não pode ser descontado no caixa da agência bancária.

d) O depositário é o banco em que o emitente tem o dinheiro depositado.

e) Cheques ao portador são aqueles em que constam o nome do beneficiário.

10. Se uma instituição financeira toma dinheiro no mercado pagando juros de 7% a.a. e empresta esses recursos cobrando 11,5% a.a. de juros, pode-se afirmar que o *spread* do banco é:

a) 11,5%.

b) 18,5%.

c) 4,5%.

d) 7,0%.

11. Todas as afirmativas a seguir são verdadeiras, **exceto**:

a) Os juros pagos por uma Instituição Financeira ao levantar recursos no mercado equivalem à remuneração devida ao poupador.

b) Quando o valor da moeda se aprecia em relação aos outros ativos da economia, tem-se deflação.

c) Os fundamentos básicos da política monetária são o controle e a regulação dos meios de pagamentos da economia.

d) O único instrumento de controle da política monetária utilizado pelo Banco Central é o controle das taxas de juros realizado por meio da taxa Selic.

12. Todas as afirmativas a seguir estão erradas, **exceto**:

a) As operações de *open market* são lastreadas exclusivamente em títulos públicos federais.

b) O Mercado Interfinanceiro é um dos instrumentos de política monetária utilizado pelo Banco Central.

c) Para regular o equilíbrio monetário da economia, o Banco Central vende títulos públicos quando há baixa disponibilidade de moeda no mercado, e adquire títulos quando há escassez.

d) Os depósitos compulsórios são repassados pelo Banco Central ao Banco do Brasil e ao BNDES para lastrearem operações de financiamento de longo prazo.

13. Admita que um banco esteja pagando aos seus poupadores 95% da taxa Selic como remuneração das aplicações feitas. O banco empresta esses recursos cobrando 116% da mesma taxa. A taxa Selic está atualmente definida em 8,5%. O *spread* do banco é igual a:

a) 21%.

b) 8,5%.

c) 22,1%.

d) 1,785%.

e) 9,86%.

14. Todas as afirmativas a seguir são verdadeiras, **exceto**:

a) Quando a inflação esperada superar a meta de inflação definida para a economia, os instrumentos de política monetária são orientados para enxugar a liquidez da economia e/ou inibir os efeitos desse desajuste.

b) A taxa meta da Selic, conforme determinada pelo COPOM/Banco Central, expressa os juros a serem perseguidos nas operações de mercado aberto.

c) No mercado aberto, os títulos emitidos pelo Tesouro Nacional podem ser negociados de forma definitiva ou por meio de operações compromissadas.

d) A expectativa da política monetária é anunciar uma taxa de inflação menor que a definida como meta para a economia.

e) As operações de mercado aberto consistem na compra e venda de títulos públicos pelo Banco Central.

15. Julgue as afirmativas a seguir:

A. A taxa Selic é a taxa média das operações definitivas e compromissadas, com prazo de um dia útil, lastreadas pelos títulos públicos emitidos pelo Tesouro Nacional.

B. A curva de juros representa a relação entre as taxas de juros e os riscos dos ativos.

a) As afirmativas A e B estão corretas.

b) Somente a afirmativa A está correta.

c) Somente a afirmativa B está correta.

d) As afirmativas A e B estão incorretas.

16. Acerca do mercado monetário é **incorreto** afirmar que:

a) envolve as operações de curto e curtíssimo prazos, proporcionando um controle ágil e rápido da liquidez da economia e das taxas de juros básicas pretendidas pela política econômica das autoridades monetárias.

b) é essencial para o estabelecimento do nível de liquidez da economia, controlando e regulando o fluxo de moeda convencional e de moeda escritural.

c) para aumentar a oferta de moeda, o Banco Central compra títulos no mercado, injetando assim recursos. Ao contrário, para reduzir a liquidez, o Banco Central vende títulos para os investidores de mercado, retirando assim recursos da economia.

d) são negociados no mercado monetário os papéis emitidos pelo Tesouro Nacional, com o objetivo de financiar o orçamento público, além de diversos títulos públicos emitidos pelos estados e municípios.

e) não são negociados no mercado monetário os Certificados de Depósitos Interfinanceiros (CDI), exclusivamente entre instituições financeiras, e títulos de emissão privada, como o Certificado de Depósito Bancário (CDB) e debêntures.

17. Identifique com VERDADEIRO (V) ou FALSO (F) as seguintes afirmativas:

a) (   ) Os bancos procuram gerenciar as movimentações das reservas bancárias de forma a não sobrar excedentes de caixa – excessos de recursos impõem maior custo de oportunidade aos bancos – nem faltar reservas, sobre a qual o Bacen cobra juros.

b) ( ) Os leilões de títulos pelo Tesouro Nacional são realizados pelo sistema denominado "Oferta Pública Formal Eletrônica – *OfPub*" e "oferta a *Dealers – OfDealers*", sob o controle e gestão da Comissão de Valores Mobiliários.

c) ( ) O mercado financeiro pode ser interpretado como o ambiente da economia onde se realizam todas as transações com moedas e títulos, e participações de capital.

d) ( ) O Selic é uma câmara de compensação que realiza a custódia escritural de ativos, registro e controle das operações no mercado de balcão, e efetua a liquidação financeira.

e) ( ) A Cetip oferece, por meio de uma plataforma eletrônica, a possibilidade de realização de diversos tipos de operação *on-line*, como leilões e negociações de títulos públicos, privados e valores mobiliários de renda fixa.

18. Identifique cada título a seguir com sua respectiva política de remuneração:

I. Tesouro Prefixado (LTN)

II. Tesouro Prefixado com Juros Semestrais (NTN-F)

III. Tesouro IPCA (NTN-B Principal)

IV. Tesouro IPCA com Juros Semestrais

V. Tesouro Selic (LFT)

a) ( ) Rendimento: IPCA + Taxa contratada; Remuneração: No vencimento.

b) ( ) Rendimento: Selic + Taxa contratada; Remuneração: No vencimento.

c) ( ) Rendimento: Taxa contratada; Remuneração: No vencimento.

d) ( ) Rendimento: Taxa contratada; Remuneração: Semestral e no vencimento.

e) ( ) Rendimento: IPCA + Taxa contratada; Remuneração: Semestral e no vencimento.

19. Acerca da atuação dos bancos comerciais no mercado monetário é **incorreto** afirmar que:

a) as reservas monetárias dos bancos são formadas basicamente pelo volume de depósitos voluntários e compulsórios mantidos junto às autoridades monetárias e dinheiro disponível no caixa das instituições.

Cap. 4 • MERCADOS FINANCEIROS: MONETÁRIO E CRÉDITO / **55**

b) os bancos comerciais levantam recursos no mercado mediante, principalmente, captações de depósitos à vista e colocação de títulos de sua emissão.

c) como maneira de controlar o efeito multiplicador dos meios de pagamento na economia, as autoridades monetárias estabelecem às instituições bancárias os depósitos compulsórios no Banco Central.

d) as instituições bancárias devem, ao final de cada dia, equilibrar as contas de débito e crédito das diversas transações financeiras realizadas.

e) por meio de forças livres de oferta e demanda, o mercado interfinanceiro estabelece uma taxa de juros, conhecida como Selic, que reflete as expectativas dos agentes de mercado com relação ao comportamento da economia.

20. Identifique com VERDADEIRO (V) ou FALSO (F) as seguintes afirmativas:

a) (   ) O mercado de títulos de dívida externa é constituído pelos papéis emitidos pelas diversas economias como consequência de (re)negociações de dívidas com credores privados externos e organismos financeiros internacionais, como FMI e Banco Mundial.

b) (   ) O principal papel representativo da dívida externa do Brasil é o *bond* (bônus ou obrigação), emitido pelo governo em troca de dívidas bancárias. Trata-se de um título de renda fixa identificando uma obrigação de pagamento, por parte do governo, diante de um empréstimo concedido por um investidor.

c) (   ) O *bond* tem seu valor de resgate denominado valor de face, sobre o qual é calculada a remuneração do título. Os pagamentos dos juros podem ser efetuados periodicamente, ou ao final do prazo de emissão, quando o investidor resgata o principal aplicado. As características de prazo, remuneração etc. desses títulos são assumidas quando passam a ser negociados no mercado secundário.

d) (   ) Ao se comparar com os títulos emitidos pelo governo americano (*T-bonds*), a remuneração adicional paga pelos *C-bonds* brasileiros pode ser interpretada como a medida do risco Brasil, amplamente usada pelos investidores internacionais para formarem sua taxa mínima de atratividade.

21. Identifique cada operação a seguir com suas características:

I.   Desconto bancário de títulos

II.   Contas garantidas

III. Créditos rotativos

IV. Operações de *vendor*

V. Crédito consignado

a) (   ) O mutuário da operação saca fundos até o limite contratado para saldar suas necessidades mais imediatas de caixa.

b) (   ) Representa uma linha de crédito concedida a funcionários públicos e trabalhadores de empresas privadas regularmente registrados, cuja liquidação é realizada por meio de desconto das prestações em folha de pagamento.

c) (   ) Operação de crédito típica do sistema bancário, que envolve principalmente duplicatas e notas promissórias.

d) (   ) Operação de crédito em que uma instituição bancária paga à vista a uma empresa comercial os direitos relativos às vendas realizadas e recebidos em cessão, em troca de uma taxa de juros de intermediação.

e) (   ) Linhas de crédito abertas pelos bancos, que visam ao financiamento das necessidades de curto prazo das empresas, e são movimentadas normalmente por meio de cheques.

22. Acerca do mercado de crédito é **correto** afirmar que:

a) No processo de intermediação financeira para as operações de crédito, uma instituição pode atuar como sujeito passivo (credor de empréstimos de recursos), ou sujeito ativo (devedor de recursos captados).

b) A Instituição Financeira recebe recursos de poupador, *funding* da operação de crédito, assumindo a obrigação de devolver o principal acrescido de juros. É uma posição ativa, ficando o banco devedor dos recursos captados.

c) As taxas cobradas nas operações ativas são geralmente maiores que as pagas nas operações passivas, formando a diferença entre as taxas um resultado bruto definido por *spread.*

d) Uma estrutura de intermediação financeira mais avançada envolve a participação direta da instituição, na função de conciliar os interesses de poupadores e aplicadores de recursos para viabilizar os negócios, cobrando uma comissão por esses serviços.

e) Os créditos concedidos pelos bancos só podem ser realizados por meio de recursos direcionados.

23. Suponha que um banco tenha os seguintes recebíveis na data do fechamento:

R$ 150.000.000 a vencer.

R$ 30.000.000 vencidos há 18 dias.

R$ 40.000.000 vencidos há 75 dias.

R$ 15.000.000 vencidos há mais de 180 dias.

Qual o valor do provisionamento desses recebíveis?

a) R$ 2.350.000.

b) R$ 15.000.000.

c) R$ 19.300.000.

d) R$ 0.

e) R$ 23.500.000.

24. **Não** representa um serviço prestado por instituição bancária:

a) Emissão de saldos e extratos de conta-corrente em terminais de computador.

b) Acesso eletrônico a saldos de aplicações financeiras e relacionamento via internet.

c) Fornecimento de requisições avulsas de talões de cheques e de cheques avulsos.

d) Emissão de relatório mensal com *rating* de crédito do cliente no mercado financeiro.

e) Emissões de cartões eletrônicos e cartões de créditos.

25. Suponha a seguinte situação: um banco realiza captação de recursos no exterior em dólar, e os repassa no mercado interno por meio de uma linha de financiamento indexada na inflação da economia. Julgue as afirmativas a seguir:

I.   Se a variação cambial e a taxa de inflação da economia assumirem variações opostas, o resultado do banco não é afetado, sendo o resultado de uma operação compensado pelo da outra.

II.   Verificando-se uma defasagem entre essas taxas, o descasamento da moeda irá gerar ganhos ou perdas para a instituição, diminuindo seu risco.

III. O descasamento de disponibilidade verifica-se quando uma instituição financeira toma uma decisão de empréstimo a um cliente sem dispor, no momento da efetivação da operação, dos recursos financeiros suficientes.

a) As afirmativas I e II estão corretas.

b) Somente a afirmativa I está correta.

c) Somente a afirmativa III está correta.

d) As afirmativas I e III estão corretas.

e) Todas as afirmativas estão corretas.

26. Julgue as afirmativas a seguir:

I.   Precatório[1] é o instrumento pelo qual o Poder Judiciário requisita à Fazenda Pública o pagamento a que esta tenha sido condenada em processo judicial.

II.   Possuem preferência na fila de pagamento os precatórios de natureza alimentícia, por pessoas com doenças graves ou por pessoas com deficiência.

III. A Constituição define uma ordem de preferência para o pagamento de precatórios.

IV.   As requisições recebidas no tribunal após 1º de julho de cada ano são convertidas em precatórios e incluídas na proposta orçamentária do ano subsequente. O pagamento dos valores inscritos na proposta orçamentária, uma vez convertida em Lei, deve ser efetuado dentro do respectivo exercício orçamentário, mediante depósito junto ao Tribunal requisitante, observadas as regras aplicáveis a cada tipo de crédito.

a) As afirmativas I e III estão corretas.

b) As afirmativas I e IV estão corretas.

c) As afirmativas II e IV estão corretas.

d) As afirmativas I, III e IV estão corretas.

e) Todas as afirmativas estão corretas.

27. Acerca das *fintechs*[2] é **incorreto** afirmar que:

a) *Fintechs* são empresas que promovem inovações nos mercados financeiros por meio do uso intenso de tecnologia, com potencial para criar novos modelos de negócios.

---

[1] Informações adicionais sobre os Precatórios estão disponíveis em: https://portal.fazenda.sp.gov.br/acessoinformacao/Paginas/Precat%C3%B3rios.aspx. Acesso em: 8 jan. 2019.

[2] Informações adicionais sobre as *fintechs* estão disponíveis em: https://www.bcb.gov.br. Acesso em: 8 jan. 2019.

b) Em todos os mercados mundiais, incluindo o brasileiro, é possível identificar as seguintes categorias de *fintechs*: de pagamento, gestão financeira, empréstimo, investimento, financiamento, seguro, negociação de dívidas, criptoativos e Distributed Ledger Technologies (DLTs), câmbio e multisserviços.

c) As *fintechs* de crédito que concedem operações de crédito realizam operações com recursos próprios por meio de plataforma eletrônica.

d) As *fintechs* de crédito que intermediam operações de crédito são denominadas instituições de empréstimos entre pessoas, atuando como intermediário entre credores e devedores por meio de negociações realizadas em meio eletrônico.

e) De acordo com a Resolução do Conselho Monetário Nacional (CMN) nº 4.656, de 26 de abril de 2018, existem apenas duas modalidades de *fintechs* de crédito: a Sociedade de Crédito Direto (SCD) e a Sociedade e Empréstimo entre Pessoas (SEP).

28. Julgue as afirmativas a seguir:[3]

I. O Sistema Financeiro tem o importante papel de fazer a intermediação de recursos entre os agentes econômicos superavitários e deficitários, tendo como resultado o crescimento da atividade produtiva.

II. O desenvolvimento saudável da intermediação financeira é condição necessária para que seja consolidada a estabilização econômica de um país, assim como para criar requisitos essenciais à retomada da atividade econômica, de maneira autossustentada.

III. Se persistente e elevada, a inflação pode causar fuga de investimentos em ativos financeiros, promovendo a intermediação financeira e o crescimento do setor financeiro.

IV. A queda da participação do segmento financeiro no PIB pode ser considerada, de forma positiva, como um avanço necessário do processo de neutralidade, desde que acompanhado por uma evolução do setor no cumprimento de seu papel social fundamental que é a intermediação de recursos entre os diferentes segmentos da sociedade.

---

[3] Informações adicionais sobre as afirmativas dessa questão em: https://www.bcb.gov.br. Acesso em: 8 jan. 2019.

a) As afirmativas I e III estão corretas.

b) As afirmativas I e IV estão corretas.

c) As afirmativas II e IV estão corretas.

d) As afirmativas I, II e IV estão corretas.

e) Todas as afirmativas estão corretas.

29. Acerca do gráfico a seguir é **incorreto** afirmar que:

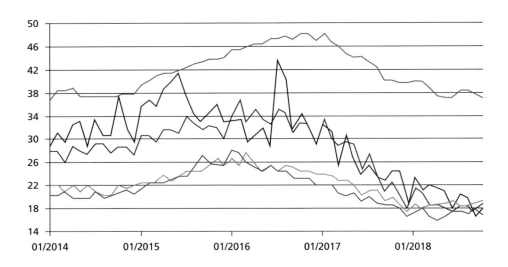

- 20719 – Taxa média de juros das operações de crédito com recursos livres – Pessoas jurídicas – Desconto de duplicatas e recebíveis
- 20720 – Taxa média de juros das operações de crédito com recursos livres – Pessoas jurídicas – Desconto de cheques
- 20721 – Taxa média de juros das operações de crédito com recursos livres – Pessoas jurídicas – Antecipação de faturas de cartão de crédito
- 20722 – Taxa média de juros das operações de crédito com recursos livres – Pessoas jurídicas – Capital de giro com prazo de até 365 dias
- 20723 – Taxa média de juros das operações de crédito com recursos livres – Pessoas jurídicas – Capital de giro com prazo superior a 365 dias

Fonte: Banco Central do Brasil.

a) As operações de desconto de cheques apresentam a maior taxa média de juros em todo o período analisado.

b) As taxas médias de juros das operações de desconto de cheques estão no intervalo compreendido entre 36% e 48% a.a. em todo o período analisado.

c) A taxa média de juros das operações de capital de giro com prazo superior a 365 dias é inferior à taxa média da antecipação de faturas de cartão de crédito de 2014 a 2017, tendo se apresentado levemente superior no final de 2018.

d) Todas as taxas médias que compõem o gráfico sofreram redução de 2017 para 2018.

e) A taxa média de juros das operações de antecipação de faturas de cartão de crédito foi superior à taxa média de juros das operações de desconto de duplicatas e recebíveis em todo o período analisado.

30. Acerca do gráfico a seguir é **incorreto** afirmar que:

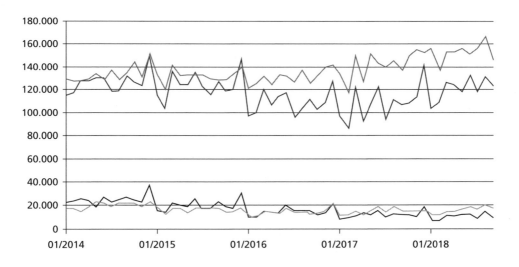

- 20635 – Concessões de crédito com recursos livres – Pessoas jurídicas – Total
- 20662 – Concessões de crédito com recursos livres – Pessoas físicas – Total
- 20686 – Concessões de crédito com recursos direcionados – Pessoas jurídicas – Total
- 20698 – Concessões de crédito com recursos direcionados – Pessoas físicas – Total

Fonte: Banco Central do Brasil.

a) A concessão de crédito com recursos livres para pessoas jurídicas foi maior do que a concessão de crédito com recursos direcionados para pessoas jurídicas em todo o período analisado.

b) A concessão de crédito com recursos livres para pessoas físicas foi maior do que a concessão de crédito com recursos direcionados para pessoas físicas em todo o período analisado.

c) A concessão de crédito com recursos livres para pessoas físicas foi maior do que a concessão de crédito com recursos direcionados para pessoas jurídicas em todo o período analisado.

d) A concessão de crédito com recursos livres para pessoas jurídicas foi maior do que a concessão de crédito com recursos direcionados para pessoas físicas em todo o período analisado.

e) A concessão de crédito com recursos direcionados para pessoas jurídicas foi maior do que a concessão de crédito com recursos direcionados para pessoas físicas em todo o período analisado.

TÍTULOS PÚBLICOS NO BRASIL

PREFIXADOS		
Título	**Rendimento**	**Remuneração**
Tesouro Prefixado (LTN)	Taxa contratada	No vencimento
Tesouro Prefixado com Juros Semestrais (NTN-F)	Taxa contratada	Semestral e no vencimento
PÓS-FIXADOS INDEXADOS À INFLAÇÃO		
Tesouro IPCA (NTN-B Principal)	IPCA + Taxa contratada	No vencimento
Tesouro IPCA com Juros Semestrais	IPCA + Taxa contratada	Semestral e no vencimento
PÓS-FIXADOS INDEXADOS À TAXA SELIC		
Tesouro Selic (LFT)	Selic + Taxa contratada	No vencimento

5

MERCADOS FINANCEIROS: CAPITAIS E CAMBIAL

O Capítulo 5, em continuação ao estudo dos Mercados Financeiros, aborda o mercado de capitais e o mercado cambial, tratando ainda dos principais instrumentos financeiros negociados.

Por meio do estudo dos produtos, serviços, mecanismos e características do mercado de capitais, é possível compreender porque esse mercado é tido como grande municiador de recursos permanentes para a economia, sendo seu papel considerado um dos mais relevantes no processo de desenvolvimento econômico do país.

Ao conhecer o mercado cambial em detalhes, torna-se possível compreender porque é indispensável o papel de um mercado responsável por reunir todos os agentes econômicos com motivos para realizar transações com o exterior; bem como por controlar as reservas cambiais da economia e por manter o valor da moeda nacional em relação a outras moedas internacionais.

MERCADO FINANCEIRO – EXERCÍCIOS E PRÁTICA • *Assaf Neto*

1. Assinale a alternativa que apresenta uma associação correta entre as modalidades de financiamento realizadas no mercado de capitais com uma de suas características:

A. Financiamento do capital de giro

B. *Commercial paper*

C. *Lease-back*

D. *Leasing* operacional

I. Normalmente são garantidos por duplicatas, avais ou hipoteca de ativos reais.

II. Contrato de arrendamento no qual todas as despesas de manutenção do bem arrendado ocorrem por conta da empresa de arrendadora.

III. Destinado a empresas carentes de recursos a longo prazo para giro, prevê que a arrendatária continue usando ativo arrendado no final do prazo da operação.

IV. Não costuma oferecer maiores garantias de liquidação, sendo entendido como uma promessa de pagamento vinculada ao desempenho financeiro do emitente do título.

a) A-I, B-IV, C-III, D-II.

b) A-I, B-IV, C-II, D-III.

c) A-II, B-I, C-III, D-IV.

d) A-III, B-IV, C-II, D-I.

e) A-IV, B-I, C-III, D-II.

2. Sobre a oferta pública de ações e debêntures, **não** podemos afirmar que:

a) é permitida apenas para as sociedades anônimas.

b) os atuais acionistas possuem prioridade de compra de novas ações.

c) as debêntures são títulos de crédito que visam o levantamento de recursos de médio e longo prazos aos seus emitentes.

d) a emissão primária de debêntures é normalmente realizada pela própria sociedade emitente, que se responsabiliza pela sua colocação em bolsa.

e) as debêntures são atualmente emitidas na forma escritural, sem a emissão física do título.

3. Assinale VERDADEIRO (V) ou FALSO (F) nas seguintes afirmativas:

a) (   ) A securitização de recebíveis é uma operação geralmente realizada por empresas que apresentam uma carteira de recebíveis de longo prazo bastante concentrada.

b) (   ) Na securitização, a empresa tomadora de recursos negocia sua carteira de recebíveis com uma instituição financeira, a qual levanta recursos no mercado mediante a emissão de títulos lastreados nesses valores adquiridos.

c) (   ) Os *bonds* são títulos de renda fixa negociados no mercado internacional, representativos de dívidas de maior maturidade, emitidos diretamente pelos tomadores de recursos.

d) (   ) *Default premium* é o prêmio oferecido pelo risco de insolvência do emissor do *bond*, que varia de acordo com o prazo do título e o risco do emitente.

4. Assinale a alternativa **correta** em relação ao *rating* das dívidas das empresas:

a) Expressa uma verdade inquestionável com relação à qualidade do crédito das empresas.

b) É desvinculado do risco do país no qual a empresa opera.

c) Uma ótima classificação do crédito significa uma alta taxa de remuneração paga aos investidores.

d) *Junk bonds* são títulos de dívidas bem classificados na escala dos *ratings*.

e) A participação dos *high level bonds* permitiu que empresas de maiores riscos pudessem levantar recursos no mercado de capitais internacional.

5. Considere as seguintes afirmativas com relação ao mercado de títulos de dívida externa:

I.   O mercado de títulos de dívida externa é constituído por papéis emitidos pelas economias mundiais, como consequência de negociações com credores privados externos e organismos financeiros internacionais.

II. Parte do risco dos países emergentes é advindo do movimento maciço de capitais estrangeiros diante de turbulências econômicas.

III. O *bond* – título de renda fixa emitido por um governo – tem um valor de lançamento denominado valor de face, sobre o qual é calculada a remuneração do título.

IV. O Brasil, como economia emergente, paga taxas de juros menores aos investidores externos, que os papéis emitidos por economias mais ricas.

a) As afirmativas I, II e III estão corretas.

b) As afirmativas I, II e IV estão corretas.

c) Apenas as afirmativas I e II estão corretas.

d) Apenas as afirmativas II e III estão corretas.

e) Todas as afirmativas estão corretas.

6. Considere as afirmativas a seguir:

I. Por representar uma opção de compra futura de obrigações, um *warrant* não poderá ser emitido de forma separada de outros títulos de dívidas da empresa.

II. Na operação de *forfaiting*, a instituição financeira adquirente dos créditos de exportação da empresa assume o risco do recebimento da dívida junto ao importador (devedor).

III. Um aplicador em caderneta de poupança se sentirá desestimulado, para essa modalidade de investimento, sempre que a Taxa Referencial (TR) estiver alta.

IV. O Fundo Garantidor de Crédito (FGC) visa dar maior garantia aos agentes de mercado com recursos aplicados nas instituições financeiras, na eventualidade de uma intervenção.

a) As afirmativas I e II estão corretas.

b) As afirmativas I, II e III estão corretas.

c) As afirmativas I, II e IV estão corretas.

d) As afirmativas II e IV estão corretas.

e) As afirmativas III e IV estão corretas.

7. Com relação ao mercado cambial, **não** podemos afirmar que:

a) no Brasil, existe um mercado único para as operações de compra e venda de moedas estrangeiras.

b) no regime cambial de taxas flutuantes, toda crise se reflete sobre as reservas monetárias, e não sobre as taxas de câmbio.

c) na relação cambial entre o real brasileiro e o dólar norte-americano, verifica-se valorização da moeda nacional quando um dólar adquire menos reais que antes.

d) quando surge a necessidade de elevar o nível das reservas monetárias internacionais de um país, as autoridades devem incentivar o aumento das exportações e a inibição das importações.

e) em situação de aperto de liquidez da economia, os importadores tendem a adiar suas aquisições, enquanto os exportadores buscam antecipar seus negócios.

8. Assinale VERDADEIRO (V) ou FALSO (F) nas seguintes afirmativas:

a) (   ) A modalidade de operação cambial futura permite, por exemplo, que um importador se proteja de uma alteração na paridade cambial quando da liquidação da sua dívida.

b) (   ) O lucro de uma arbitragem advém da compra de uma moeda em um mercado em que seu preço negociado é mais baixo, e a venda em outro, que opera com um preço mais elevado.

c) (   ) A moeda comum na Comunidade Econômica Europeia (CEE) é o euro, mas inexiste uma autoridade econômica máxima, sendo os Banco Centrais de cada país os responsáveis soberanos pelas decisões econômicas.

d) (   ) Em 2002, o euro substituiu as cédulas e moedas nacionais de todos os países-membros da Comunidade Econômica Europeia.

e) (   ) Uma das principais vantagens apontadas pela introdução de uma moeda única na CEE é a eliminação do risco de câmbio para os agentes desses países.

9. Identifique com V (VERDADEIRO) ou F (FALSO) cada afirmativa a seguir, referente aos efeitos que uma desvalorização da moeda nacional exerce a um credor em moeda estrangeira:

a) (   ) É beneficiado, pois terá mais moeda nacional (real) para receber.

b) (   ) É prejudicado, pois irá receber menos reais.

c) (   ) Se o credor for um banco sediado no exterior, que efetua um empréstimo a uma instituição financeira brasileira, não sofre influência da desvalorização. Para o banco estrangeiro credor a desvalorização é indiferente.

d) (   ) Se o credor for um investidor com uma carteira de títulos atrelados ao dólar, há uma perda pela desvalorização da moeda nacional.

10. Identifique com V (VERDADEIRO) ou F (FALSO) cada afirmativa a seguir:

a) (   ) A moeda no mercado de câmbio é considerada uma mercadoria, estando sujeita às leis de oferta e procura.

b) (   ) A taxa PTAX é a taxa de câmbio projetada pelo Banco Central, e calculada com base em expectativas conjunturais internas e externas.

c) (   ) A paridade cambial USD 1,00 = R$ 1,60 é interpretada da forma seguinte: é necessário R$ 1,60 de moeda nacional para adquirir USD 1,00 (um dólar norte-americano).

d) (   ) A taxa de câmbio de duas moedas em ambiente de inflação deve ser corrigida pelo quociente da taxa de inflação das duas economias.

11. Sendo US$ 1,00 = R$ 1,50, pede-se calcular:

a) Quantos reais podem ser adquiridos com USD 50.000,00.

b) Quantos dólares podem ser adquiridos com R$ 90.000,00.

12. Admita que USD 1,00 = R$ 1,70 em determinado ano. No período seguinte verificou-se uma inflação de 6,4% no Brasil, e de 3,2% nos Estados Unidos. A taxa de câmbio corrigida atinge a:

a) US$ 1,00 = R$ 3,4000.

b) US$ 1,00 = R$ 1,7544.

c) US$ 1,00 = R$ 1,8088.

d) US$ 1,00 = R$ 1,7527.

13. Assinale VERDADEIRO (V) ou FALSO (F) nas seguintes afirmativas:

a) (   ) O mercado cambial é regulado, controlado e fiscalizado pelo Banco Central.

Cap. 5 • MERCADOS FINANCEIROS: CAPITAIS E CAMBIAL / **69**

b) ( ) O mercado de capitais é um segmento do mercado financeiro especializado em operações de curto prazo.

c) ( ) A principal fonte de recursos do mercado de capitais são os depósitos à vista.

d) ( ) As negociações com ações em bolsas de valores constituem o denominado mercado secundário.

14. Todas as afirmativas a seguir estão corretas, **exceto**:

a) Ações e debêntures são consideradas valores mobiliários.

b) Os bancos comerciais e os bancos de investimentos podem captar recursos por meio de depósitos a prazo.

c) O investidor, ao adquirir uma opção de compra de ações, tem a expectativa do preço de exercício ser maior que o preço do mercado à vista.

d) O investidor de uma opção de venda é atraído pela expectativa de desvalorização do preço da ação no mercado à vista.

15. Assinale VERDADEIRO (V) ou FALSO (F) nas seguintes afirmativas:

a) ( ) Arbitragem cambial é uma operação em que o investidor procura auferir um lucro (ganho) assumindo alto risco.

b) ( ) Valorização cambial da moeda nacional se verifica quando há um aumento de seu poder de compra em relação às demais moedas.

c) ( ) Uma valorização cambial promove geralmente forte incentivo às exportações e inibe as importações.

d) ( ) O cupom cambial mede a variação entre a taxa interna de juros da economia (Selic) e a variação da taxa de câmbio em determinado período de tempo.

e) ( ) Se a paridade cambial entre duas economias estiver em desequilíbrio, a tendência do investidor é aumentar as compras na economia mais barata e as vendas onde o preço estiver mais elevado.

16. Identifique cada mercado a seguir com suas características:

Mercado de capitais (CAP)

Mercado cambial (CAM)

a) (   ) Operações de médio e longo prazos, e de prazo indeterminado, envolvendo títulos representativos das ações e de operações de crédito sem intermediação financeira.

b) (   ) Grande municiador de recursos permanentes para a economia, em virtude da ligação que efetua entre os que têm capacidade de poupança, ou seja, os investidores, e aqueles carentes de recursos de longo prazo, ou seja, que apresentam déficit de investimento.

c) (   ) Operações de conversão da moeda de um país pela de outro, determinadas principalmente pela necessidade da prática de comércio internacional.

d) (   ) Constituído pelas instituições financeiras não bancárias, instituições componentes do sistema de poupança e empréstimo (SBPE) e diversas instituições auxiliares.

e) (   ) Reúne todos os agentes econômicos que tenham motivos para realizar transações com o exterior.

f) (   ) Regulamentado e fiscalizado pelo Banco Central.

17. Identifique cada classificação de ação a seguir com suas características:

Ações preferenciais (P)

Ações de fruição ou gozo (FG)

Ações ordinárias (O)

a) (   ) Montantes distribuídos aos acionistas, que supostamente lhes caberiam na hipótese de dissolução da companhia.

b) (   ) Podem adquirir o direito de voto caso a empresa não distribua, pelo prazo de três anos consecutivos, dividendos mínimos ou fixos.

c) (   ) Negociação em bolsas de valores, revelando interesse somente aos fundadores da companhia.

d) (   ) Apresentam como principal característica o direito de voto.

e) (   ) A distribuição de dividendos ocorre em função do dividendo obrigatório previsto em lei, ou de acordo com o percentual previsto no estatuto da companhia, se maior ao mínimo legal.

f) (   ) Preferência no reembolso do capital em caso de liquidação da sociedade.

18. Assinale a alternativa **incorreta** acerca das vantagens dos investidores na aquisição de ações:

a) Todo acionista tem o direito de receber, no mínimo, o dividendo obrigatório fixado em lei.

b) Bonificação é a emissão e distribuição gratuita aos acionistas, em quantidade proporcional à participação de capital, de novas ações emitidas em função do aumento de capital efetuado por meio de incorporação de reservas.

c) Se o preço de emissão de uma nova ação (preço de subscrição) for de R$ 10,00 e no mercado esta ação estiver cotada a R$ 9,00, o acionista deve mostrar interesse em subscrever as novas ações emitidas.

d) Os subscritores de capital podem se beneficiar das valorizações de suas ações no mercado, ganho este que dependerá do preço de compra, da quantidade de ações emitidas, da conjuntura de mercado e do desempenho econômico-financeiro da empresa.

e) O direito de subscrição pode ser vendido em bolsa a terceiros, constituindo-se em novo tipo de remuneração.

19. Identifique com V (VERDADEIRO) ou F (FALSO) cada afirmativa a seguir:

a) ( ) Os BDRs constituem-se em recibos de depósitos representativos de valores mobiliários emitidos por companhias abertas, sediadas no Brasil, e negociados no exterior.

b) ( ) No Brasil, a emissão dos BDRs é de responsabilidade de um banco depositário, que representa a companhia aberta no país.

c) ( ) A CBLC (Companhia Brasileira de Liquidação e Custódia) efetua a custódia dos BDRs, e também a liquidação das operações de compra e venda no mercado.

d) ( ) Os ADRs negociados nas bolsas de valores norte-americanas apresentam três categorias, definidas pela forma como o recibo é negociado: Nível I – Mercado de Balcão, Nível II – Registro em Bolsas, Nível III – Oferta Pública.

e) ( ) O mecanismo do *inflow* permite que o investidor converta seus ADRs adquiridos em ações correspondentes e negocie esses valores no mercado acionário nacional.

20. Considere as afirmativas a seguir:

I. O financiamento de capital de giro, realizado por bancos comerciais/múltiplos e bancos de investimentos, visa suprir as necessidades de recursos para investimentos em ativos fixos das empresas.

II. Em operações de repasse, a instituição financeira repassadora cobra do tomador de recursos os mesmos custos incorridos na transação original (juros, variação cambial e impostos). O resultado da instituição financeira é unicamente a comissão de repasse cobrada.

III. O *leasing* pode ser considerado solução ótima para toda a necessidade de financiamento porque oferece para a empresa arrendatária vantagens como: renovação periódica do maquinário da empresa, mitigação do risco pela redução de problemas e dificuldades do processo de imobilização, maior flexibilidade dos recursos financeiros da empresa e benefício fiscal.

IV. A emissão das debêntures por parte das sociedades por ações pode ser privada ou por oferta pública. Uma sociedade realiza emissão privada quando consegue identificar previamente os compradores dos títulos, geralmente investidores institucionais. Na emissão por oferta pública, existe a figura de um intermediário financeiro, constituído por uma instituição ou um *pool* de instituições financeiras.

a) As afirmativas I e II estão corretas.

b) As afirmativas I, II e III estão corretas.

c) As afirmativas I, II e IV estão corretas.

d) As afirmativas II e IV estão corretas.

e) As afirmativas III e IV estão corretas.

21. Identifique com V (VERDADEIRO) ou F (FALSO) cada afirmativa a seguir:

a) (   ) Sempre que a paridade de compra de moeda entre diferentes países se encontra em desequilíbrio, a tendência é ocorrer maior compra na economia mais barata e maior venda onde o preço for mais alto.

b) (   ) Se o dólar apresentar uma tendência de alta, o Bacen pode atuar no mercado comprando contratos de *swap* cambial por meio de leilões. Se houver uma expectativa de queda do dólar, a intervenção do Bacen tem por meta segurar o preço da moeda americana.

Cap. 5 • MERCADOS FINANCEIROS: CAPITAIS E CAMBIAL / **73**

c) (   ) A operação mais comum no mercado cambial é o Bacen pagar a variação cambial e receber taxa de juros. A operação contrária recebe o nome de *swap* cambial reverso, utilizado em momentos de reduzida oferta da moeda estrangeira no mercado, com o objetivo de evitar a sua desvalorização.

d) (   ) O VET (Valor Efetivo Total) equivale ao total, em unidade monetária brasileira, da moeda estrangeira adquirida no mercado. Esse valor incorpora a taxa de câmbio, o Imposto sobre Operações Financeiras (IOF) e tarifas incidentes na operação.

e) (   ) Ocorrendo maior oferta pelo dólar em relação a sua demanda, é esperada uma valorização da moeda estrangeira; ao se verificar uma demanda superior à oferta, a expectativa é de queda na taxa de câmbio.

22. Admita que a taxa nominal de câmbio entre o real brasileiro e o dólar norte-americano esteja fixada em R$ 3,93/US$ 1,00. Se a inflação brasileira em determinado ano for de 4,2% e a dos EUA de 2,3%, qual deve ser a nova taxa de câmbio para manter a paridade cambial do poder de compra? Determine a taxa de desvalorização da moeda nacional.

23. Identifique cada produto a seguir com suas características:

Letras de Câmbio (LC)

Letras Hipotecárias (LH)

Letras Imobiliárias (LI)

Letra de Crédito do Agronegócio (LCA)

Letra Financeira (LF)

a) (   ) Título de renda fixa nominativo emitido por instituições financeiras públicas ou privadas, que além da garantia da instituição financeira emitente do título, oferece como garantia adicional o lastro da operação de crédito a qual está vinculada.

b) (   ) Principal *funding* das operações de financiamento de bens duráveis realizadas pelas Sociedades Financeiras.

c) (   ) Títulos de renda fixa de longo prazo e têm por objetivo alongar o perfil de captação dos bancos, oferecendo maior possibilidade de ampliação do crédito na economia.

d) ( ) Podem ser garantidas pelo Governo Federal, quando emitidas pela Caixa Econômica Federal, ou ainda ter preferência sobre os bens do ativo da sociedade emissora em relação a outros créditos contra a sociedade, quando emitidas por Sociedades de Crédito Imobiliário.

e) ( ) Títulos emitidos por instituições financeiras que atuam com crédito imobiliário.

24. As empresas têm sido comumente avaliadas com relação ao risco de crédito de suas dívidas, num processo denominado *rating*. Acerca desse processo, assinale a alternativa **incorreta**:

a) O *rating* pode ser entendido como uma opinião expressa por uma agência especializada sobre a qualidade do crédito de uma empresa ou país, devendo expressar uma verdade inquestionável.

b) Os *ratings* são atribuídos a partir principalmente de informações contidas nos demonstrativos financeiros publicados, além de outras de caráter setorial e conjuntural, e expressam a qualidade da dívida da empresa em termos de inadimplência e garantias do crédito.

c) A classificação de Grau de Investimento é atribuída a toda empresa ou país considerado como bom pagador. É como se fosse um selo de qualidade pelo baixo risco de inadimplência apresentado.

d) Quando uma empresa ou país migra da classificação de Grau Especulativo para Grau de Investimento, significa que o risco de inadimplência diminuiu.

e) Os títulos de baixa qualidade de crédito exigem, em contrapartida, elevados rendimentos compatíveis com o risco assumido, e são conhecidos no cenário financeiro internacional por *junk bonds*.

25. O mercado utiliza a taxa do cupom cambial como uma importante referência das decisões de investimento em moeda estrangeira. Se a taxa básica de juros da economia for de 7% a.a. e a variação cambial do período de 4,8% a.a., qual será o rendimento do cupom cambial?

a) 11,8%.

b) 2,8%.

c) 2,1%.

d) 12,14%.

Cap. 5 • MERCADOS FINANCEIROS: CAPITAIS E CAMBIAL **75**

26. Classifique as afirmativas a seguir com VERDADEIRO (V) ou FALSO (F):

a) (   ) Ativo internacionalmente aceito, o ouro é uma alternativa de investimento para quem busca rentabilidade, segurança e proteção.

b) (   ) As negociações de ouro no Brasil só podem ser realizadas por meio dos mercados de balcão, de opções e a termo.

c) (   ) A procura pelo investimento em ouro diminui em momentos de crise econômica.

d) (   ) O termo de ouro foi desenvolvido com o objetivo de ser uma ferramenta para a gestão do risco de oscilação de preço. Diferentemente das bolsas estrangeiras, em que o contrato é negociado em unidade da moeda (por exemplo, dólar) por grama de ouro puro, a bolsa brasileira negocia ouro em relação à onça *troy*.

e) (   ) As principais variáveis que afetam o preço do ouro no Brasil são comportamento das taxas de juros internas, paridade cambial da moeda nacional com o dólar e risco país.

27. Classifique as afirmativas a seguir com VERDADEIRO (V) ou FALSO (F):

a) (   ) O Fundo Garantidor de Créditos (FGC) é uma entidade privada, sem fins lucrativos, que administra um mecanismo de proteção aos correntistas, poupadores e investidores, e permite recuperar os depósitos ou créditos mantidos em instituição financeira, até determinado valor, em caso de intervenção, de liquidação ou de falência.

b) (   ) São instituições associadas ao FGC: a Caixa Econômica Federal; os bancos múltiplos; os bancos comerciais; os bancos de investimento; os bancos de desenvolvimento; as sociedades de crédito, financiamento e investimento; as sociedades de crédito imobiliário; as companhias hipotecárias e as associações de poupança e empréstimo, em funcionamento no país.

c) (   ) As instituições associadas contribuem anualmente para a manutenção do FGC, com uma porcentagem sobre os saldos das contas correspondentes às obrigações objeto de garantia.

d) (   ) Não existe limite de valor garantido para o total de créditos de cada pessoa contra a mesma instituição associada, ou contra todas as instituições associadas do mesmo conglomerado financeiro.

28. Classifique as afirmativas a seguir com VERDADEIRO (V) ou FALSO (F):

a) (   ) Como o dólar é a moeda estrangeira mais negociada no mercado brasileiro, a *Ptax* é calculada apenas para esta moeda.

b) (   ) Os riscos cambiais de mudanças nas cotações das moedas podem ser eliminados mediante operações futuras, efetuando-se uma venda ou compra de divisas para entrega futura, sendo a taxa de conversão, entretanto, pós-fixada.

c) (   ) A *Ptax* do dia é apurada para todos os negócios realizados no mercado de câmbio interbancário com liquidação para um dia (conhecida por $d + 1$), admitido como o prazo padrão do mercado.

d) (   ) *Prime rate* é a taxa de juros cobrada pelos bancos americanos de seus clientes de mais baixo risco.

e) (   ) A arbitragem de câmbio pode ocorrer quando um investidor admite que a moeda brasileira se encontra sobredesvalorizada em relação ao dólar norte-americano. Verifica-se, nessa situação, um desequilíbrio na taxa de câmbio da moeda nacional, sendo possível auferir ganhos com arbitragem.

29. Julgue as afirmativas a seguir:

I. O prazo mínimo de vencimento da Letra de Crédito Imobiliário (LCI) é de 90 (noventa) dias, quando não atualizada por índice de preços.

II. A emissão da Letra de Crédito do Agronegócio (LCA) é condicionada à existência e disponibilidade no banco de direitos e créditos relacionados com a produção, comercialização, beneficiamento ou industrialização de produtos ou insumos agropecuários ou máquinas e implementos utilizados na atividade agropecuária.

III. É vedado à instituição emissora recomprar ou resgatar, total ou parcialmente, a LCA antes dos prazos mínimos estabelecidos.

IV. Os rendimentos de LCI e LCA são isentos de imposto de renda.

V. O investimento em letras de crédito é considerado de alto risco.

a) As afirmativas I, II e IV estão corretas.

b) As afirmativas II e III estão corretas.

c) As afirmativas II, III e IV estão corretas.

d) As afirmativas II, III e V estão corretas.

e) Todas as afirmativas estão corretas.

30. Julgue as afirmativas a seguir:

I. O contrato futuro de euro pode servir para proteção ou especulação sobre o preço da moeda em data futura, assim como para investidores que, por exemplo, tenham recebíveis em euros, ou exposição para pagamentos de passivos na moeda em datas futuras ou até mesmo negociar sobre a tendência da moeda no futuro e assim auferir lucro.

II. Diante da introdução do euro pelos Estados-membros da União Europeia, passa a existir, de fato, somente um mercado monetário, permitindo maior estabilidade nas taxas de juros de curto prazo. As empresas tornam-se mais vulneráveis às oscilações nos juros correntes de mercado determinadas por crises monetárias.

III. A introdução da moeda única aumenta o risco de câmbio para as empresas da zona do euro, permitindo que explorem novos mercados e ampliem seus negócios. As condições de atuação nos mercados estrangeiros para os países do *euro* passam a igualar-se à de seus mercados domésticos, gerando novas oportunidades de negócios.

IV. A introdução do *euro* como moeda única constitui a maior reforma monetária já ocorrida no mundo, substituindo no início de 2002 as cédulas e moedas nacionais de 12 dos 15 países que participam da comunidade econômica.

a) As afirmativas I, II e IV estão corretas.

b) As afirmativas II e III estão corretas.

c) As afirmativas II e IV estão corretas.

d) As afirmativas I e IV estão corretas.

e) Todas as afirmativas estão corretas.

MERCADOS FINANCEIROS NO BRASIL

Estrutura dos Mercados Financeiros		
Mercados	**Atuação**	**Maturidade**
Monetário	Controle dos meios de pagamentos (liquidez) da economia	Curtíssimo e curto prazos
Crédito	Créditos para consumo e capital de giro das empresas	Curto e médio prazos
Capitais	Investimentos, financiamentos e outras operações	Médio e longo prazos
Cambial	Conversão de moedas	À vista e curto prazo

6

FUNDAMENTOS DE AVALIAÇÃO

O Capítulo 6 desenvolve as técnicas fundamentais de cálculo financeiro e de estatística aplicadas à avaliação econômica e à análise de risco de títulos e valores mobiliários.

O estudo detalhado dos fundamentos de avaliação engloba conceitos de matemática financeira, especialmente em termos de taxas de juros; e conceitos de estatística, em termos de medidas de tendência central e dispersão.

As principais taxas são: linear (proporcional), equivalente, *over*, preferencial e real. As principais medidas estatísticas aplicadas à mensuração e à interpretação do retorno são as medidas de tendência central, como média, moda e mediana. Já para a análise do risco e da volatilidade são utilizadas medidas de dispersão, como desvio-padrão, variância e coeficiente de variação.

Por fim, compreender e aplicar a análise dos conceitos de covariância e correlação torna-se indispensável para o entendimento do impacto da combinação de ativos com comportamento similar em uma carteira.

1. Com relação à taxa linear de juros, **não** podemos afirmar que:

a) 2,6% a.m. é proporcional à taxa de 31,2% a.a.

b) 3,5% a.b. é proporcional a 5,25% a.t.

c) 6,2% a.t. é proporcional à taxa de 24,8% a.a.

d) 5,1% a.q. é proporcional a 2,05% a.b.

e) 8,4% a.s. é proporcional a 2,8% a.b.

2. Assinale VERDADEIRO (V) ou FALSO (F) nas seguintes afirmações:

a) (   ) Para se compreender a formação das taxas de juros, deve-se compreender o prazo a que se refere a taxa e o prazo de capitalização dos juros.

b) (   ) O uso da taxa proporcional promove uma taxa efetiva mais elevada que a taxa implicitamente declarada para a operação.

c) (   ) Se o prazo de uma operação coincidir com a periodicidade com que os juros são capitalizados, a taxa declarada é menor que a taxa efetiva.

d) (   ) O regime de juros simples segue o comportamento de uma progressão aritmética.

e) (   ) No regime de capitalização composta, os juros incidem sobre os juros calculados em períodos passados, mesmo que já tenham sido pagos.

3. Assinale a alternativa que relaciona corretamente as taxas de juros do mercado financeiro com a sua definição conceitual:

A. Taxa *over*

B. Taxa de desconto

C. Taxa preferencial de juros

D. Taxa real

I.   É uma taxa de juro nominal com capitalização diária, válida somente para dias úteis.

II.   Representa o encargo financeiro livre dos efeitos inflacionários.

III.   É a taxa mínima de juros que as instituições financeiras cobram de financiamentos a clientes de menor risco.

IV.   Representa o percentual a ser aplicado sobre o valor de resgate de uma operação, visando o cálculo do deságio.

a) A-I, B-III, C-IV, D-II.

b) A-I, B-IV, C-III, D-II.

c) A-II, B-III, C-IV, D-II.

d) A-III, B-I, C-II, D-IV.

e) A-IV, B-II, C-I, D-III.

4. Podemos fazer as seguintes afirmações sobre as taxas de juros do mercado financeiro, **exceto**:

a) Quando utilizamos a taxa de desconto *por dentro*, incorporamos conceitos e relações de juros simples, pouco usados no mercado financeiro.

b) Quanto maior for o aumento dos preços dos bens de uma economia, maior também a taxa de desvalorização da moeda.

c) A taxa preferencial de juros incorpora um adicional de risco em seu valor mínimo.

d) O desconto *por fora* incide sobre o valor nominal (valor de resgate) de um título, proporcionando maior volume de juros efetivos nas operações financeiras.

e) Quanto maior for o prazo de uma operação de desconto, menor é o seu custo efetivo.

5. Converta:

a) Uma taxa efetiva de 1,5% a.m. em taxa *over*, sabendo que no período existem 22 dias úteis.

b) Uma taxa *over* de 3,6% a.m. em taxa efetiva mensal, sabendo que o mês possui 23 dias úteis.

6. Se um banco realizar um financiamento cobrando taxa nominal de 18% a.a., determine a taxa efetiva anual da operação para uma capitalização:

a) Mensal.

b) Bimestral.

c) Trimestral.

d) Quadrimestral.

e) Semestral.

7. Considere os seguintes cenários:

A. Sendo de 2,1% a.m. a taxa *over*, calcule a taxa efetiva mensal considerando os seguintes dias úteis no período:

a) 20 dias úteis.

b) 23 dias úteis.

B. Sendo de 2,5% a.m. a taxa efetiva, calcule a taxa *over* mensal para os seguintes períodos de dias úteis:

c) 19 dias úteis.

d) 21 dias úteis.

8. Sendo de 2,8% a.m. a taxa de desconto *por fora*, calcule a taxa efetiva mensal para os seguintes prazos:

a) 1 mês.

b) 45 dias.

c) 2 meses.

d) 3 meses.

9. Se um banco deseja cobrar uma taxa efetiva de juros de 2% a.m. em suas operações de desconto, determine a taxa de juros *por fora* que deve adotar para prazos de desconto de:

a) 1 mês.

b) 2 meses.

c) 3 meses.

10. No primeiro mês de um ano a taxa de inflação foi de 1,02%. No segundo mês, foi de 1,22%, e no terceiro mês de 0,89%. De quanto foi a inflação acumulada do trimestre.

11. Considere os cenários a seguir:

a) A taxa nominal efetiva de um empréstimo foi de 14,5% a.a. Sendo de 6,4% a variação nos índices de preços nesse período, determine a taxa real de juros do empréstimo.

b) Uma aplicação pós-fixada paga juros reais mais correção monetária determinada por um indexador de preços. Sendo de 7,8% a.a. a taxa real de juros e de 4,4% a inflação desse mesmo período, calcule a remuneração nominal total (juros mais correção) da aplicação.

12. Considere os cenários a seguir:

a) Um empréstimo baseado na variação cambial teve uma correção de 4,5% em determinado período. Nesse período, os índices gerais de preços da economia variaram 6,9%. Determine o custo efetivo real do empréstimo em relação aos índices gerais de preços da economia, admitindo uma taxa real de juros de 6% no período.

b) Em determinado ano, a inflação da economia atingiu a 6,8%, enquanto a variação cambial do dólar foi de 4,7%. Determine o rendimento real de uma aplicação em dólar em relação à inflação da economia, considerando que a aplicação em dólar estivesse sujeita à variação cambial mais 5,5% a.a.

13. Considerando que a inflação de determinado ano foi de 9,8%, pede-se determinar:

a) Taxa de desvalorização da moeda.

b) Reposição salarial mínima para manter o poder de compra dos salários.

c) Perda do poder aquisitivo caso a reposição salarial seja de 7,2%.

14. Considere as seguintes afirmativas sobre as medidas estatísticas de avaliação e risco:

I. A estatística é um método científico que permite apoio aos participantes do mercado de capitais na tomada de decisões em um ambiente de incerteza.

II. A denominada estatística descritiva objetiva indicar como os valores de um conjunto se distribuem em relação ao seu ponto central.

III. As medidas de posição são os valores que visam identificar as características de concentração dos elementos de uma amostra.

IV. As principais medidas de dispersão utilizadas são a mediana e a moda, pois avaliam o grau de variabilidade de um conjunto de valores em relação a sua média.

a) As afirmativas I e II estão corretas.

b) As afirmativas I, II e III estão corretas.

c) As afirmativas I, III e IV estão corretas.

d) As afirmativas I e III estão corretas.

e) As afirmativas III e IV estão corretas.

15. Assinale a alternativa que relaciona corretamente as medidas de avaliação com sua respectiva definição:

A. Média

B. Mediana

C. Moda

D. Desvio-padrão

I. Expressa o valor que divide um conjunto de valores pela metade, mais indicada para amostras assimétricas.

II. Representa o valor encontrado com maior frequência num conjunto de observações.

III. Visa medir o grau de dispersão de um conjunto de valores em relação a sua média.

IV. É a medida de tendência central mais utilizada, podendo ser classificada em aritmética, harmônica e geométrica.

a) A-I, B-III, C-IV, D-II.

b) A-II, B-IV, C-III, D-I.

c) A-III, B-I, C-II, D-IV.

d) A-IV, B-II, C-I, D-III.

e) A-IV, B-I, C-II, D-III.

16. Assinale VERDADEIRO (V) ou FALSO (F) nas afirmativas a seguir:

a) ( ) O coeficiente de variação mede estatisticamente o grau de variação de um conjunto de valores em relação a sua mediana.

b) ( ) A grande utilidade do coeficiente de variação é permitir que se proceda a comparações mais precisas entre dois ou mais conjuntos de valores.

c) ( ) A mensuração do valor esperado de uma distribuição de probabilidades representa uma média dos vários resultados esperados, ponderada pela probabilidade atribuída a cada um desses valores.

d) ( ) A medida do valor esperado demonstra o risco associado a uma decisão de investimento, uma vez que apresenta o grau de dispersão dos resultados em relação à média.

e) (   ) Em uma decisão de investimento, uma dispersão mais acentuada na distribuição de probabilidades dos seus resultados denota a presença de um maior grau de risco.

17. Preencha as lacunas com os termos a seguir:

- discreta
- objetiva
- contínua
- subjetiva

a) Uma probabilidade é definida como _____ quando se adquire uma experiência passada, sobre a qual não resta dúvida que se repetirá.

b) A probabilidade _____ decorre de eventos novos, sobre os quais não se tem nenhuma experiência prévia relevante.

c) Uma variável é entendida como _____ quando assume número de valores finito, sendo, de maneira inversa, considerada _____ na hipótese de assumir um conjunto infinito de valores.

18. Sobre correlação e covariância, **não** podemos afirmar que:

a) a covariância visa identificar como determinados valores se inter-relacionam.

b) se o retorno de uma ação é reduzido diante de uma alta nas taxas de juros, podemos afirmar que eles apresentam relações inversas e, portanto, a covariância é negativa.

c) dois títulos de associações positivas (COV > 0) são capazes de reduzir o risco de uma carteira, pois apresentam associações positivas.

d) o conceito de correlação visa explicar o grau de relacionamento verificado no comportamento de duas ou mais variáveis.

e) investimentos em ativos com semelhantes coeficientes de correlação não colaboram para a redução do risco total.

19. Identifique com V (VERDADEIRO) ou F (FALSO) as afirmativas a seguir:

a) (   ) A moda, como uma medida representativa de um valor encontrado com maior frequência em um conjunto de observações, reflete efetivamente a tendência central desse conjunto.

b) (   ) A moda pode ser mais indicada que a média aritmética em amostras com alto grau de dispersão de valores.

c) (   ) A covariância é uma medida estatística que mede o grau de dispersão de um conjunto de valores em relação à média.

d) (   ) Em uma avaliação estatística do risco de investimento, quanto maior a dispersão existente, maior o risco.

20. Assinale a afirmativa **incorreta**:

a) A média aritmética simples não considera a frequência ou o peso verificado em cada evento de cálculo.

b) Em uma amostra homogênea de valores, se for incluído um elemento significativamente diferente dos demais, muito maior ou menor, a média aritmética simples pode não indicar, da melhor forma, uma posição no meio da amostra. Nesses casos, é adotada a mediana.

c) O desvio-padrão é uma medida absoluta que, por si só, é capaz de revelar o risco de um ativo.

d) Variáveis negativamente correlacionadas movimentam-se em sentidos opostos. Quando o preço de um ativo sobe, a tendência é de diminuição no preço do outro ativo.

e) Fundos de investimentos compostos por ações que apresentam alto grau de correlação entre si (fundos setoriais, por exemplo), apresentam maior risco do que os fundos com ações menos correlacionados.

21. A taxa de inflação de cada um dos últimos 5 meses de uma economia atingiu:

Mês 1	Mês 2	Mês 3	Mês 4	Mês 5
1,15%	0,96%	0,92%	0,90%	0,84%

Determine:

a) Média aritmética simples.

b) Média geométrica.

22. O extrato bancário de um correntista apresentou os seguintes valores em determinado mês:

(\$)

SALDO	22.500	47.000	51.000	2.100	16.500	39.800
DIAS	9	6	5	5	3	2

Determine o saldo médio ponderado desse extrato de conta-corrente.

23. A partir do quadro a seguir, que relaciona 8 instituições financeiras às suas taxas anuais de remuneração de seus títulos, calcule a mediana e ordene as instituições que remuneram mais e as que remuneram menos.

Banco	A	B	C	D	E	F	G	H
Taxa	12,6%	11,8%	12,7%	12,0%	11,7%	13,0%	12,8%	12,4%

24. Observando o quadro descrito no Exercício 23, que relaciona determinados bancos com suas respectivas taxas anuais de juros, calcule:

a) Taxa média.

b) Desvio-padrão.

c) Variância.

d) Coeficiente de variação.

25. O quadro a seguir apresenta os resultados esperados e suas respectivas probabilidades dos investimentos A e B. A partir dessas informações, calcule o retorno esperado e o risco (desvio-padrão) desses investimentos.

INVESTIMENTO A		INVESTIMENTO B	
Retorno	Probabilidade	Retorno	Probabilidade
$ 100.000	10%	$ 120.000	10%
$ 105.000	15%	$ 130.000	20%
$ 120.000	25%	$ 135.000	15%
$ 130.000	25%	$ 140.000	15%
$ 135.000	10%	$ 150.000	30%
$ 140.000	15%	$ 155.000	10%

26. São estabelecidos três cenários para uma economia: moderada recessão, moderado crescimento e forte crescimento. O quadro a seguir destaca as probabilidades dos cenários econômicos e os retornos de um fundo de investimento. Calcule retorno esperado do investimento, desvio-padrão e variância.

Cenário	Probabilidade	Retorno Esperado
Recessão	20%	5%
Moderado	50%	12%
Crescimento Forte	30%	25%

27. Considere as possíveis taxas de retorno que um investidor poderia obter no próximo ano, ao aplicar na ação da Cia. A ou na ação da Cia. B, admitindo três possíveis cenários:

Cenário	Probabilidade	Retorno de A	Retorno de B
I	25%	−12%	12%
II	50%	24%	12%
III	25%	56%	10%

Pede-se calcular:

a) Retorno esperado, desvio-padrão e variância dos retornos da ação da Cia. A.

b) Retorno esperado, desvio-padrão e variância dos retornos da ação da Cia. B.

c) Covariância entre os retornos da ação A e da ação B.

28. Os retornos das ações da Cia. XW e do índice da bolsa de valores nos últimos cinco anos são apresentados a seguir:

Cia. WX	Índice da Bolsa de Valores
−14,0%	−16,5%
5,0%	2,5%
13,8%	7,2%
14,0%	15,5%
10,0%	7,8%

Pede-se calcular:

a) Covariância entre as variáveis.

b) Variância do índice da bolsa.

c) Inclinação da reta de regressão linear (coeficiente b).

29. Os retornos das ações A e B para os últimos 4 anos são apresentados a seguir:

Ação A	Ação B
6%	7%
8%	9%
11%	12%
6%	16%

Pede-se calcular:

a) Retorno esperado de cada ação.

b) Variância dos retornos de cada ação.

30. A seguir são fornecidos dados de retorno esperado e risco de duas ações negociadas no mercado. Utilizando a medida do Coeficiente de Variação (CV), pede-se indicar o ativo mais arriscado.

	ATIVO A	ATIVO B
Retorno Esperado	14,54%	12,85%
Desvio-Padrão (SD)	6,10%	5,20%

FUNDAMENTOS DE AVALIAÇÃO

Conceitos	Definições
Taxa linear (proporcional)	Determinada pela relação simples entre a taxa de juros considerada na operação e o número de vezes em que ocorrem juros, formada de modo proporcional.
Taxa equivalente	Taxas que incidem sobre um mesmo capital durante certo intervalo de tempo e produzem montantes iguais pelo regime de capitalização composta.
Taxa *over*	Taxa média ponderada pelo volume das operações de financiamento, lastreadas em títulos públicos federais, de um dia, realizadas no Selic. Expressa em bases anuais, admitindo a existência de 252 dias úteis.
Taxa preferencial	Taxa mínima de juros (a mais baixa) que as instituições financeiras cobram de financiamentos (aplicações) concedidos a clientes caracterizados como de primeira linha, ou seja, os de menor risco.
Taxa real	Encargo (ou receita) financeiro, calculado livre dos efeitos inflacionários.
Média	Medida de tendência central mais comumente utilizada. Existem vários tipos de médias, destacando-se a média aritmética simples, média aritmética ponderada, média harmônica e média geométrica.
Moda	Representa o valor encontrado com maior frequência num conjunto de observações.
Mediana	Medida de tendência central que expressa o valor que divide um conjunto de valores pela metade, ou seja, exatamente em duas partes iguais.
Desvio-padrão	Visa medir, estatisticamente, a variabilidade (grau de dispersão) de um conjunto de valores em relação a sua média.
Variância	O quadrado do desvio-padrão.
Coeficiente de variação	Indica a dispersão relativa, ou seja, o risco por unidade de retorno.
Covariância	Visa identificar como determinados valores se inter-relacionam. Medida que avalia como as variáveis X e Y movimentam-se ao mesmo tempo em relação a seus valores médios (covariam).
Correlação	Visa explicar o grau de relacionamento verificado no comportamento de duas ou mais variáveis.

7

JUROS

O Capítulo 7 estuda a formação das taxas de juros da economia brasileira e a determinação do *spread* bancário. Merecem destaque a taxa básica de juros do mercado financeiro nacional e as demais taxas adotadas como referência para as negociações financeiras.

As taxas de juros impactam os processos de captação e empréstimo de recursos, tanto por parte das empresas, quanto por parte dos governos. Sendo assim, torna-se fundamental entender as variáveis macroeconômicas para se tomar boas decisões financeiras, especialmente em países emergentes e com maior risco, como é o caso do Brasil.

O estudo das principais teorias desenvolvidas para explicar a relação das taxas de juros e a maturidade da operação é essencial para o entendimento e atuação nos diversos cenários econômicos. São elas: Teoria das Expectativas, Teoria da Preferência pela Liquidez e Teoria da Segmentação de Mercado.

1. De acordo com a Teoria da Preferência pela Liquidez, pode-se afirmar que:

a) Os agentes econômicos do mercado procuram aproximar a maturidade de seus ativos com a maturidade de seus passivos, mantendo seus portfólios dentro de uma estrutura de equilíbrio financeiro.

b) Os ativos de maior maturidade devem incorporar uma remuneração adicional pelo maior risco assumido.

c) Ocorrendo mudanças nas expectativas dos agentes de mercado, os títulos de diferentes maturidades alterarão seus rendimentos de maneira a refletir as novas perspectivas.

d) As taxas de juros de curto prazo e de longo prazo são formadas pela interação da oferta e da procura dos ativos financeiros.

e) Os investidores são indiferentes quanto à maturidade do título, selecionando a melhor decisão baseada na mais alta taxa de retorno encontrada.

2. Preencha as lacunas a seguir de acordo com as taxas de juros do mercado financeiro:

- Taxa Referencial de Juros (TR)
- Taxa Financeira Básica (TBF)
- Taxa Selic
- Taxa de Juros de Longo Prazo (TLP)

I. Estabelecida pelo Banco Central, a Taxa _____ funciona como a taxa de referência do mercado financeiro, atuando sobre o volume da dívida pública, oferta de crédito e nível de inflação.

II. A Taxa _____ é utilizada para remunerar as aplicações financeiras a prazo fixo com maturidade mínima de dois meses.

III. O cálculo da Taxa _____ é obtido com base na remuneração média mensal dos CDB/RDB operados pelos trinta maiores bancos do país, por volume de captação.

IV. As taxas de juros dos títulos da dívida externa e interna do Brasil (emissões primárias) são consideradas no cálculo da Taxa _____.

3. Identifique com V (VERDADEIRO) ou F (FALSO) as afirmativas a seguir:

a) ( ) O risco soberano é calculado com base na probabilidade de suas instituições financeiras privadas não honrarem seus compromissos perante seus credores.

b) ( ) A taxa TR, apurada e anunciada periodicamente pelo governo, exprime para o período de seu cálculo, a inflação futura estimada pelos agentes de mercado.

c) ( ) A taxa Selic embute uma remuneração para o risco conjuntural, uma expectativa de inflação da economia e uma remuneração real mínima para os investidores.

d) ( ) A Taxa de Longo Prazo (TLP) é o principal componente na formação da taxa final de juros cobrada pelo BNDES em suas operações de financiamento.

4. Assinale V (VERDADEIRO) ou F (FALSO) nas afirmativas a seguir:

a) ( ) A taxa Selic não embute nenhum prêmio de risco do emitente do título.

b) ( ) Arbitragem é a oportunidade para um investidor obter lucros, diante de uma discrepância nos preços de um mesmo ativo, verificada em dois mercados distintos.

c) ( ) Na expectativa de uma elevação nas taxas de juros, é recomendado a um investidor que mantenha em carteira títulos de renda fixa prefixados e de prazos mais longos.

d) ( ) Uma forma de atrair os investidores de mercado a aplicarem em títulos de longo prazo, é oferecer taxas de retorno maiores do que em operações de curto prazo.

5. Identifique com V (VERDADEIRO) ou F (FALSO) cada afirmativa a seguir.

a) ( ) A estrutura temporal das taxas de juros, também conhecida por curva de rendimentos, relaciona o rendimento do título com o seu risco. As curvas de rendimento não são iguais para todas as classes de títulos.

b) ( ) As Teorias das Expectativas, Preferência por Liquidez e Segmentação de Mercado visam explicar, de acordo com seus enfoques próprios, as diferentes formas que a estrutura temporal das taxas de juros podem assumir.

c) (   ) Pela Teoria das Expectativas, sendo de 6% a.a. a taxa de juros para títulos de prazo de um ano, de 6,5% a.a., para títulos de dois anos, e de 8% a.a., para três anos, as taxas anuais futuras são de 6%, 7% e 11,07%.

d) (   ) Os adeptos da Teoria da Preferência por Liquidez exigem retornos maiores como forma de remunerar as incertezas mais altas, dada a alta volatilidade, presentes em títulos de longo prazo.

e) (   ) A Hipótese de Segmentação de Mercado propõe que as instituições financeiras devem decidir suas aplicações principalmente com base na estrutura e maturidade de suas captações (passivos).

6. O quadro a seguir destaca as taxas de juros dos títulos negociados no mercado financeiro de acordo com a maturidade. Calcule a estrutura temporal das taxas de juros para os próximos quatro anos.

Prazo	Taxa de juros
Ano 1	10,0% a.a
Ano 2	11,2% a.a
Ano 3	11,9% a.a
Ano 4	12,5% a.a

7. Um ativo de dois anos de duração oferece um rendimento de 5% a.a. Uma estratégia alternativa de investimento envolve comprar um ativo com prazo de um ano, que oferece uma rentabilidade de 4% a.a., e depois reaplicar o montante acumulado em outro ativo de mesmo prazo. Pelo pressuposto na Teoria das Expectativas, o retorno esperado do segundo ano será de:

a) 6,01%.

b) 5,90%.

c) 6,00%.

d) 6,10%.

e) 5,95%.

8. A Tesouraria de um banco define o seguinte intervalo para captação – aplicação de recursos: 96,5% CDI – 107,0% CDI. Para uma taxa CDI de 13,0%, calcule:

a) Taxa máxima de captação.

b) Taxa mínima de empréstimo.

c) *Spread* do banco.

d) Ganho na captação (*spread* da tesouraria) e ganho na aplicação dos recursos.

9. Sendo fixada pelo Banco Central em 13,0% ao ano *over* a taxa Selic, calcule sua taxa equivalente para:

a) 1 dia útil.

b) 20 dias úteis.

10. A tesouraria de um banco definiu em 12,25% ao ano a taxa máxima de captação, e em 13,75% ao ano a taxa mínima para empréstimos. Calcule o *spread* (margem de ganho) da tesouraria.

11. Admita que o custo mensal de captação de um banco corresponda a uma taxa *over* de 1,9% ao mês para um período de 22 dias úteis. O banco acrescenta em sua operação de crédito um *spread* de 15,5% ao ano, definido como taxa efetiva. Calcule a taxa efetiva mensal cobrada pelo banco para repassar esse dinheiro.

12. A taxa Selic encontra-se atualmente definida em 13,0% ao ano. O ganho real mínimo dos investidores está estimado em 6% ao ano, e a meta de inflação perseguida pelas autoridades monetárias é de 4,5% ao ano. Calcule a remuneração pelo risco da economia embutida na taxa Selic.

13. Um banco concede um crédito cobrando 22,8% ao ano de taxa efetiva. Esta operação encontra-se casada com uma captação de custo equivalente a 96% da taxa Selic. Sendo de 13,5% ao ano a taxa Selic, calcule o *spread* total da operação de crédito.

14. Admita que um banco realizou uma operação de empréstimo, no valor de $ 20 milhões, cobrando uma taxa de juros igual a 12,5% ao ano. Para viabilizar a operação, a instituição realiza uma captação de recursos no mercado financeiro pagando 10,2% ao ano de remuneração ao poupador. Calcule o *spread* bruto da operação.

15. Suponha um empréstimo de $ 15 milhões pelo prazo de um ano. A taxa de juros cobrada na operação é de 16% ao ano. Para realizar o crédito, o banco capta o mesmo valor no mercado pagando 12% de juros ao ano, e prazo de resgate de um ano, igual ao da aplicação. A estrutura de custos e despesas incidentes sobre os resultados do empréstimo é a seguinte:

IR Pessoa Física	20% s/ganho financeiro
IR Pessoa Física	20% s/ganho financeiro
Pis, Cofins, CSLL	4,65% s/receitas financeiras
IOF	4,0% s/receita do tomador
Despesas Operacionais	Equivalente a 5,5% das receitas financeiras

Calcule o *spread* bruto e o *spread* líquido para cada uma das partes envolvidas na operação: banco concedente do crédito, aplicador (poupador) e tomador (financiado).

16. Um título de prazo de um ano é negociado a 6% a.a. Outro título similar, porém com uma maturidade de 2 anos, paga juros de 7,4% a.a. Pela Teoria das Expectativas, a taxa esperada de juros para o segundo ano é igual a:

a) 7,40%.

b) 5,00%.

c) 8,82%.

d) 9,45%.

e) 6,00%.

17. Considere as afirmativas a seguir:

I.   A taxa de juros é apropriadamente identificada como o preço do crédito, refletindo uma dimensão temporal.

II. Os juros exprimem o preço de troca de ativos disponíveis em diferentes momentos do tempo.

III. Em momentos de menor instabilidade do ambiente econômico, ocorre certa elevação nas taxas de juros de mercado, como reflexo natural da incerteza associada às decisões de seus agentes.

IV. O nível ótimo de juros de uma economia promove seu crescimento sem gerar aumento da inflação. É uma meta a ser perseguida pelas autoridades monetárias, porém difícil de ser atingida na prática.

V. Um aumento da demanda pela redução dos juros pode proporcionar uma retração do crescimento e do investimento da economia.

São **corretas** as afirmativas:

a) I e II.

b) I, II e IV.

c) I, II, III, IV e V.

d) II, III e V.

e) III e V.

18. Identifique com VERDADEIRO (V) ou FALSO (F) as afirmativas a seguir:

a) ( ) Quando o Banco Central, entendido como quem estabelece as normas e executa o controle do dinheiro em circulação da economia, atua no mercado adquirindo títulos públicos em poder dos agentes econômicos, promove a redução das taxas de juros da economia.

b) ( ) Decisões que envolvem as unidades empresariais não devem ser adequadas continuamente às variações verificadas nas taxas de juros.

c) ( ) Para uma empresa, a taxa de juros reflete, em essência, o custo de oportunidade de seu capital passivo, ou o preço a ser pago pelos recursos tomados emprestados.

d) ( ) A curto prazo, a taxa de juros atua na formação da poupança e nas decisões de investimentos; a longo prazo, a definição da taxa de juros é um importante instrumento de política monetária para controlar a inflação da economia.

e) ( ) A taxa de juros que precifica os ativos do governo no mercado é denominada taxa *pura* ou taxa *livre de risco*, constituindo-se na taxa de juros base do sistema econômico.

19. **Não** representa objetivo básico do Comitê de Política Econômica (COPOM):

a) Definir a meta da taxa Selic e eventual viés.

b) Estabelecer as diretrizes da política monetária.

c) Definir meta da inflação.

d) Definir metas de acordo com as políticas econômicas do governo.

e) Analisar o comportamento da inflação.

20. Relacione as características com suas respectivas teorias:

Teoria das Expectativas (E)

Teoria da Preferência pela Liquidez (PL)

Teoria da Segmentação de Mercado (SM)

a) (   ) Entende que a minimização do risco e a consequente continuidade de uma instituição decorrem da efetiva adequação dessa maturidade, independentemente de eventuais retornos mais atrativos que possam ocorrer em instrumentos financeiros com diferentes maturidades.

b) (   ) Propõe que a taxa de juros de longo prazo se constitua numa média geométrica das taxas de curto prazo correntes e previstas para todo o horizonte de maturação de um ativo de longo prazo.

c) (   ) Admite que os rendimentos de ativos de longo prazo sejam superiores aos de curto prazo, não se observando a equalização das taxas consideradas pela teoria das expectativas não viesadas.

d) (   ) Criticada pela possibilidade atual de os agentes econômicos compararem, previamente a suas decisões, as taxas de juros de curto e longo prazos, assim como acessarem mercados que fornecem projeções futuras das taxas de juros.

e) (   ) Entende que somente um prêmio adicional pelo maior risco assumido pode incentivar os agentes econômicos a atuarem com ativos de maior maturidade.

f) (   ) Procura focalizar o comportamento do investidor, atribuindo as diferenças de rendimentos oferecidas por ativos de diferentes maturidades às diversas expectativas do mercado com relação às taxas de juros futuras.

21. Um título de prazo de um ano é negociado a 7% a.a. Outro título similar, porém com uma maturidade de 2 anos, paga juros de 8,4% a.a. Um terceiro título, similar aos outros dois, com maturidade de 3 anos, paga juros de 8,6% a.a. Pela Teoria das Expectativas, a taxa esperada de juros para o 3º ano é igual a:

a) 7,00%.

b) 8,40%.

c) 9,00%.

d) 8,60%.

e) 9,82%.

22. Admita que o Banco Central tenha divulgado a taxa anual Selic em 7,5% para um determinado mês do ano de X6. Qual é a taxa equivalente por dia útil?

a) 0,0287% a.du.

b) 0,0208% a.du.

c) 0,0205% a.du.

d) 0,0298% a.du.

e) 0,0201% a.du.

23. Sendo a taxa Selic fixada em 12% a.a.o e a taxa de inflação prevista para o período de 2,8%, qual a taxa de risco da economia embutida nos juros básicos do mercado, supondo-se uma taxa livre de risco (taxa pura de juros) de 7% a.a.?

a) 2,20% a.a.

b) 10,0% a.a.

c) 1,82% a.a.

d) 8,95% a.a.

e) 4,67% a.a.

24. Admita um título Tesouro Prefixado com valor de face (resgate) igual a R$ 2.000,00, valor de negociação atual no mercado de R$ 1.801,34, e prazo de resgate de dois anos. Qual é a taxa *spot* da operação?

a) 11,03% a.a.

b) 5,37% a.a.

c) 16,11% a.a.

d) 5,37% para 2 anos.

25. Sendo a taxa de risco de 7,8% a.a. e a taxa de inflação prevista para o período de 3,5%, qual a taxa Selic, supondo-se uma taxa livre de risco de 8% a.a.?

a) 11,57% a.a.o.

b) 4,15% a.a.o.

c) 12,49% a.a.o.

d) 20,5% a.a.o.

TAXAS DE JUROS DO MERCADO FINANCEIRO

Conceitos	Definições
Taxa Referencial de Juros (TR)	Apurada e anunciada mensalmente pelo governo. Sua forma de cálculo segue regras próprias, sendo obtida com base na remuneração média mensal (taxas prefixadas) dos CDB/RDB operados pelos maiores bancos. Atualmente são consideradas as 30 maiores instituições bancárias classificadas por volume de captação.
Taxa Financeira Bancária (TBF)	Calculada com base nos rendimentos médios mensais oferecidos pelos CDB de 30 dias, informando seu percentual periodicamente ao mercado. Trata-se de uma taxa futura de juros dos títulos de renda fixa do mercado financeiro nacional que transmite aos agentes uma ideia sobre o comportamento dos juros previstos para os próximos 30 dias.
Taxas do Banco Central (TBC)	Referencia o nível mínimo dos juros nas operações de *open market* e para o mercado financeiro de uma maneira geral.
Taxas do Banco Central (TBAN)	Percentual máximo a ser adotado como referência pelo mercado em suas operações de compra e venda de títulos públicos.
Taxa de Juros de Longo Prazo (TJLP)	Aplicada preferencialmente em operações de longo prazo, constituída de maneira a viabilizar as operações de maior maturidade e substituir definitivamente a indexação da economia. Para cálculo da TJLP são consideradas a taxa meta de inflação calculada para o seu período de vigência e as taxas de juros dos títulos das dívidas interna e externa do Brasil, admitidas quando de suas respectivas emissões no mercado primário.
Taxa de Longo Prazo (TLP)	Taxa que se aproxima dos juros praticados no mercado financeiro, tornando menos arbitrário seu cálculo e também menos dispendioso para as contas públicas.

8

RISCOS DAS INSTITUIÇÕES FINANCEIRAS

O Capítulo 8 volta-se ao estudo do risco das instituições financeiras, abordando risco da variação na taxa de juros, risco de crédito, risco de mercado, risco cambial, risco operacional, risco soberano, risco legal e risco de liquidez.

No cenário de riscos, torna-se fundamental compreender o que é a assimetria de informações e como ela pode impactar o desempenho de empresas e as operações no mercado financeiro.

O processo de implantação de controles internos de qualidade promove melhoria da gestão corporativa, bem como a mitigação de riscos aos quais as empresas estão expostas no seu dia a dia. Mecanismos de governança corporativa são essenciais para se atingir tais objetivos.

Portanto, ainda são tratados no capítulo, risco moral, risco de *compliance*, a Lei Sarbanes-Oxley e o Acordo de Basileia.

MERCADO FINANCEIRO – EXERCÍCIOS E PRÁTICA • *Assaf Neto*

1. Preencha as lacunas a seguir de acordo com os tipos de riscos incorridos atualmente pelas instituições financeiras bancárias:

   - risco de crédito
   - risco de mercado
   - risco operacional
   - risco soberano
   - risco de liquidez

   a) A decisão de um governo em decretar a moratória de suas dívidas é um exemplo de _____.

   b) O risco advindo das perdas por erros humanos, falha nos sistemas computacionais, fraudes e outros, é o chamado _____.

   c) Quanto mais voláteis se apresentarem os preços dos ativos, mais altos serão os _____ dos bancos que operam na expectativa de determinado comportamento futuro.

   d) Retiradas imprevistas dos depositantes de um banco aumenta o seu risco _____.

   e) _____ é a possibilidade de uma instituição não receber os valores prometidos pelos títulos que mantém em sua carteira.

2. Sobre o acordo da Basileia, podemos afirmar que:

   a) Surgiu para enfatizar a importância da liquidez dos depósitos à vista nas instituições financeiras dos dez países mais ricos do mundo.

   b) Na relação de ativo ponderado pelo risco (APR), a negociação na bolsa de mercadorias e futuros é considerada de risco reduzido, com fator de ponderação baixo.

   c) Propiciou a reestruturação do Sistema Brasileiro de Pagamentos, impedindo que as instituições participantes mantivessem saldos negativos na conta Reserva Bancária no Bacen.

   d) Mesmo após o acordo, os valores mínimos de capital e patrimônio líquido, compatíveis com o grau de risco apresentado nas estruturas de ativos dos bancos, permaneceram inalterados.

Cap. 8 • RISCOS DAS INSTITUIÇÕES FINANCEIRAS **103**

e) Na relação de ativo ponderado pelo risco (APR), aplicações em certificados de depósitos interfinanceiros (CDI) são consideradas de risco normal, com fator de ponderação de 100%.

3. Assinale com V (VERDADEIRO) ou F (FALSO) cada afirmativa a seguir:

a) (   ) O risco de variação nas taxas de juros é determinado pela diferença entre as taxas de aplicação e de captação, ou seja, pelo *spread* da operação.

b) (   ) Mesmo um fundo de investimento que aplique todos os seus recursos em títulos públicos federais, não pode ser considerado *risk free*, ou seja, imune ao risco.

c) (   ) Erros e fraudes são entendidos, para uma instituição financeira, como risco de mercado.

d) (   ) Se um banco brasileiro apresentar uma posição ativa líquida positiva, denotando que detém mais ativos do que passivos em moeda estrangeira, está sujeito ao risco de câmbio. Se a moeda nacional valorizar-se, o banco sofrerá prejuízos.

e) (   ) As taxas de juros praticadas no país embutem um prêmio pelo risco soberano.

4. Assinale com V (VERDADEIRO) ou F (FALSO) as afirmativas a seguir, considerando a seguinte situação: intervalo de confiança de 99% para um VaR de $ 50 milhões.

a) (   ) Há 99% de probabilidade de ocorrerem perdas máximas de $ 50 milhões.

b) (   ) Há 99% de probabilidade de ocorrerem ganhos máximos de $ 50 milhões.

c) (   ) Há 1% de probabilidade de ocorrerem perdas inferiores a $ 50 milhões.

d) (   ) Não há nenhuma probabilidade de ocorrerem perdas superiores a $ 50 milhões.

5. São apresentadas a seguir diversas transações financeiras realizadas pelos bancos. Identifique, em cada uma delas, a exposição ao risco.

A. Risco de variação das taxas de juros

B. Risco de crédito

C. Risco de mercado

D. Risco de câmbio

E. Risco soberano

F. Risco de liquidez

I. ( ) Um banco concede um empréstimo a um cliente pelo prazo de 12 meses, cobrando uma taxa de juros prefixada. Para lastrear a operação, a instituição realiza no mercado uma captação dos recursos necessários pelo prazo de 18 meses, pagando também uma taxa prefixada.

II. ( ) Um investidor estrangeiro usa recursos próprios para adquirir títulos públicos federais emitidos pelo governo brasileiro.

III. ( ) Um banco espanhol emite títulos pelo prazo de dois anos para financiar projetos de investimentos no Brasil, com maturidade de quatro anos.

IV. ( ) Uma instituição financeira utiliza recursos de depósitos à vista para financiar empréstimos de giro para as empresas, com maturidade média de seis meses.

V. ( ) Um banco estrangeiro subscreve títulos de renda fixa de emissão de um banco brasileiro.

VI. ( ) Um banco possui uma carteira de investimentos com alta proporção de títulos prefixados de longo prazo. O comportamento esperado do mercado é de alta das taxas de juros.

VII. ( ) Diante de uma crise financeira no mercado, uma instituição financeira verifica um crescimento na solicitação de saques em montante acima do normal.

6. Identifique os riscos motivadores de perdas envolvidos na seguinte operação: uma companhia brasileira realiza a captação de recursos no exterior por meio da colocação de US$ 500.000 em *commercial papers* de sua emissão. A empresa captadora paga 9,5% ao ano de juros prefixados mais variação cambial.

a) Desvalorização da moeda nacional.

b) Valorização da moeda nacional.

c) Redução das taxas de juros no mercado.

d) Os recursos levantados no exterior são aplicados em ativos atrelados ao dólar.

7. Identifique com V (VERDADEIRO) ou F (FALSO) cada afirmativa a seguir:

a) ( ) O risco de variação nas taxas de juros é expresso pela diferença verificada entre os prazos dos ativos e dos passivos.

b) ( ) O risco de liquidez de uma instituição financeira é determinado pelo nível de insolvência de seus tomadores de recursos de crédito (financiados).

c) ( ) O risco de câmbio é representado pela diferença entre o montante de ativos e passivos expressos em uma mesma moeda.

d) ( ) Uma instituição financeira elimina o risco de mercado sempre que negociar seus ativos antes de seu vencimento.

8. Identifique com V (VERDADEIRO) ou F (FALSO) cada afirmativa a seguir:

a) ( ) O modelo do VaR retrata a perda máxima que um ativo pode atingir, com certo grau de confiança, determinada pelas condições de mercado previstas para o período de análise.

b) ( ) Uma instituição financeira encontra-se "descasada" em moeda quando realiza a captação de recursos no mercado por 120 e os aplica por um prazo diferente (maior ou menor que 120 dias).

c) ( ) A concessão de garantias sob a forma de Carta de Fiança é um exemplo de risco das operações fora do balanço.

d) ( ) São exemplos de risco operacional os investimentos em tecnologia que não produzem os resultados esperados, ou quando a tecnologia existente deixa de funcionar adequadamente.

9. Admita que um banco aplique $ 100,0 milhões num empréstimo com prazo de dois anos, cobrando juros de 14% ao ano. Para lastrear a operação, a instituição toma recursos no mercado pelo prazo de um ano, pagando juros de 11% ao ano. Calcule o impacto sobre a receita financeira líquida do banco se, ao final do segundo ano, as taxas de juros de mercado subirem 1,5%.

10. Admita que um banco realize um empréstimo cobrando uma taxa de juros de 15% ao ano. Na operação é prevista uma inadimplência do financiado de 4%. Caso a dívida não seja paga, é possível recuperar 60% do empréstimo com a venda dos bens apresentados em garantia. Calcule o retorno esperado do banco pelo empréstimo.

11. Identifique com V (VERDADEIRO) ou F (FALSO) cada afirmativa a seguir:

a) ( ) O risco sistêmico (ou conjuntural) é aquele que decorre de problemas financeiros das instituições financeiras, ou do ambiente econômico como um todo. A origem desse risco é de natureza econômica, política e social, provocando oscilações em todos os ativos negociados no mercado.

b) ( ) Oscilações em indicadores como índices de bolsas, taxas de juros, PIB, taxa de inflação, entre outros, ao afetarem os preços dos títulos, determinam o risco de mercado.

c) ( ) O risco soberano é um tipo mais rigoroso de risco de crédito que as instituições financeiras incorrem ao concederem empréstimos.

d) ( ) As empresas de *rating*, ao desenvolverem e divulgarem avaliações sobre a capacidade de pagamento dos agentes, oferecem garantias pela liquidação de um título.

e) ( ) Um contrato equivocadamente formulado pode ser considerado um exemplo de risco legal.

f) ( ) O risco de liquidez pode ser identificado na instituição financeira que mantém em carteira própria uma elevada quantidade de títulos de baixa demanda.

12. Identifique a afirmativa **incorreta**:

a) Risco soberano corresponde, especificamente, à probabilidade de um tomador de recursos, o governo de um país, em não honrar seus compromissos, ou seja, tornar-se inadimplente.

b) Risco país é um conceito mais amplo, incorporando todos os ativos financeiros emitidos em um país. Abrange, além do governo (risco soberano), o risco de inadimplência por controles de capital estabelecidos pelo governo, como restrições à remessa de pagamentos de dívidas aos credores externos.

c) O risco de mercado origina-se da baixa negociação de um título, ou seja, da incapacidade de uma instituição financeira em vender os títulos de sua carteira.

d) O VaR é um modelo utilizado na avaliação do risco de mercado em condições normais. Em momentos de crise, é mais recomendado utilizar modelos de simulação para estimar riscos de mercado sob situações diversas.

e) A marcação a mercado tem por objetivo fornecer o valor de uma carteira de ativos e passivos caso fosse negociada nas condições.

13. Assinale a afirmativa que melhor completa a frase a seguir:

O VaR de uma carteira de títulos, dado um certo nível de confiança, mede _____.

a) a perda máxima da carteira.

b) a perda mínima da carteira.

c) a rentabilidade média esperada da carteira.

d) a taxa de retorno máxima oferecida pela carteira.

14. Assinale a afirmativa que melhor completa a frase a seguir:

O risco de mercado de um título de renda fixa é _____.

a) definido pelo mercado de renda variável.

b) sempre igual a diferença entre a taxa *Selic* e a remuneração de um título público emitido pelo Tesouro Nacional.

c) determinado pelo comportamento (sensibilidade) do título diante de variações nas taxas de juros de mercado.

d) determinado pelo comportamento (sensibilidade) do título diante de variações do PIB.

15. Para um título com VaR de $ 1.000,00 em um dia e 96% de confiança:

a) há 96% de probabilidade de esse ativo perder mais de $ 1.000 em um dia.

b) a perda do próximo dia será superior a $ 1.000 com 96% de confiança.

c) há 96% de confiança de que a perda máxima do ativo seja de $ 1.000 no próximo dia.

16. Considere a importância da gestão do risco e assinale a alternativa **incorreta**:

a) Permite identificar a exposição da empresa ao risco e identificar seus aspectos mais frágeis.

b) Permite minimizar perdas financeiras.

c) A assimetria da informação não tem impacto na gestão de riscos.

d) Permite imunizar o capital da empresa.

e) Desde que o risco não possa ser eliminado, é essencial que sejam adotadas medidas para minimizá-lo de maneira a permitir que a organização atinja, da melhor forma possível, seus objetivos estabelecidos.

17. Identifique com V (VERDADEIRO) ou F (FALSO) cada afirmativa a seguir:

a) (   ) O *risco moral* (ou *moral hazard*, em inglês) se refere à possibilidade de o tomador de recursos, após a transação efetuada, alterar sua capacidade revelada de pagamento por mudanças inapropriadas em seu comportamento.

b) (   ) Quando as partes de uma transação – compradores e vendedores – chegam a um consenso sobre a efetiva qualidade do bem objeto da transação, a seleção adversa promove uma depreciação no preço.

c) (   ) A teoria da sinalização pode ser utilizada para reduzir (ou eliminar) os problemas gerados pela seleção adversa, desde que a informação (sinal) transmitida seja verdadeira e acurada.

d) (   ) O risco moral é explicado pela assimetria de informações, na qual uma parte sabe de informações desconhecidas pela outra.

e) (   ) O problema da seleção adversa é agravado quando a demanda por crédito é realizada, em sua maior parte, por agentes de risco reduzido.

18. **Não** representa um exemplo de risco moral:

a) Uma pessoa desativar os alarmes de sua residência após ter contratado um seguro contra roubo.

b) Um motorista tender a ficar mais imprudente ao dirigir seu veículo após ter feito um seguro contra acidentes.

c) Um entrevistado que não fornece informações suficientes sobre suas competências em uma entrevista de emprego.

d) Uma instituição financeira que trabalha descasada de prazos entre seus ativos (aplicações) e passivos (captações).

e) Um empregador que não tem acesso a informações sobre a assiduidade do profissional que está sendo entrevistado.

19. Identifique com V (VERDADEIRO) ou F (FALSO) cada afirmativa a seguir:

a) (   ) Se a taxa de juros aumentar, bancos com aplicações de prazo maior que o prazo de captação incorrerão em perdas.

b) (   ) Se a taxa de juros diminuir, bancos com aplicações de prazo maior que o prazo de captação incorrerão em ganhos.

c) (   ) Se a taxa de juros aumentar, bancos com aplicações de prazo menor que o prazo de captação incorrerão em perdas.

d) (   ) Se a taxa de juros diminuir, bancos com aplicações de prazo menor que o prazo de captação incorrerão em perdas.

20. Admita que um banco adquira US$ 10,0 milhões de um cliente exportador de *commodities*, aplicando esses recursos em um banco dos EUA em dólares. Assinale a alternativa **falsa**:

a) O banco apresenta uma posição comprada em dólar.

b) Se a taxa de câmbio se valorizar, o banco aufere um ganho com o aumento.

c) Caso a taxa de câmbio se reduza, há uma perda.

d) Se o real se desvalorizar perante o dólar, o banco incorre em uma perda.

21. Considere os valores a seguir:

AME = Ativo Total em Moeda Estrangeira = US$ 10,0 milhões

PME = Passivo Total em Moeda Estrangeira = US$ 12,0 milhões

CCL = Total de Compra Moeda Estrangeira Contratada e não Liquidada = US$ 5,0 milhões

CVL = Total de Venda Moeda Estrangeira Contratada e não Liquidada = US$ 2,0 milhões

Qual a Posição de Câmbio?

a) –US$ 2,0 milhões.

b) US$ 3,0 milhões.

c) US$ 15,0 milhões.

d) US$ 5,0 milhões.

e) US$ 1,0 milhão.

22. Admita uma instituição financeira que tenha aplicado $ 200,0 milhões na concessão de créditos com prazo de dois anos. Para financiar esses ativos, o banco captou o mesmo montante de $ 200 milhões com prazo de resgate de um ano. Considere que a instituição financeira tenha emprestado os seus recursos cobrando uma taxa de 13% a.a., e captado depósitos a prazo no mercado pagando uma remuneração equivalente a 10% a.a. Assinale a afirmativa **incorreta**:

a) Ao final do primeiro ano, a margem financeira será igual a $ 6 milhões.

b) O resultado do segundo ano é incerto porque a margem financeira do banco dependerá do comportamento das taxas de juros.

c) Se a taxa de juros subir de 10% para 11%, a receita financeira do crédito não sofrerá alterações, mas o banco deverá voltar ao mercado para renovar seu passivo de um ano, pagando uma taxa mais elevada, de 11% a.a.

d) Se a taxa de juros subir de 10% para 11%, a reserva financeira cairá para $ 3 milhões.

e) Nessa estrutura de prazos (prazo de aplicação maior que o prazo de captação), seria melhor para os resultados do banco que as taxas de juros caíssem.

23. A necessidade de estar em *compliance* é decorrente de uma série de eventos, que exigiram maiores controles nas organizações, **exceto**:

a) Acordo de Basileia, que estabeleceu, entre outras recomendações, padrões para definição do capital mínimo das instituições financeiras e a divulgação de princípios para uma supervisão bancária eficiente.

b) Crise econômica mundial de 2008, iniciada com a crise do crédito *subprime* nos Estados Unidos.

c) Evidência da fragilidade do sistema de Controles Internos das instituições financeiras, culminando com a falência do Banco *Barings* (1995).

d) Falhas significativas nos controles internos de empresas como Enron e WorldCom, culminando também com a falência dessas companhias.

e) Publicação da lei *Sarbanes-Oxley* pelo Congresso dos Estados Unidos.

24. O controle interno é formado pelo plano de organização e por todos os métodos e procedimentos adotados internamente pela empresa para proteger seu patrimônio. Considerando que quanto maior a qualidade do sistema de controles internos, menor o risco de geração de informações contábeis pouco confiáveis, bem como menor o risco operacional, assinale a alternativa **incorreta**:

a) A criação de um manual de normas e procedimentos internos não impacta a qualidade dos controles internos.

b) A qualificação dos profissionais impacta diretamente a qualidade dos controles internos.

c) A administração da empresa é responsável pelo estabelecimento do sistema de controles internos.

d) Conhecer a legislação vigente impacta diretamente a qualidade dos controles internos.

e) Os relatórios de desempenho representam uma ferramenta importante para o acompanhamento da qualidade dos controles internos.

25. Com oito anos de mercado, a empresa X realizou sua abertura de capital na bolsa de valores. Em meio a análises que previam a forte valorização dos papéis, as ações da empresa oscilaram bastante nos primeiros dias. Assinale a alternativa **incorreta**:

a) O risco de mercado impacta a remuneração dos investidores da empresa X.

b) As decisões tomadas pelos gestores da empresa X não representam risco para o desempenho de suas ações.

c) Controles internos continuam sendo indispensáveis para a mitigação de riscos operacionais da empresa X.

d) Os credores da empresa X continuam assumindo risco de inadimplência, uma vez que o sucesso da empresa não é garantido só porque ela abriu capital na bolsa.

e) A empresa X pode gerenciar seu risco de câmbio por meio de operações de *hedge* na bolsa de valores.

RISCOS DAS INSTITUIÇÕES FINANCEIRAS

Conceitos	Definições
Risco de variação na taxa de juros	Uma instituição financeira está exposta ao risco de variação de taxas de juros quando trabalha descasada de prazos entre seus ativos (aplicações) e passivos (captações).
Risco de crédito	Possibilidade de uma instituição financeira não receber os valores (principal e rendimentos e juros) prometidos pelos títulos que mantém em sua carteira de ativos recebíveis.
Risco de mercado	Relacionado com o preço que o mercado estipula para ativos e passivos negociados pelos intermediários financeiros, ou seja, com o comportamento verificado no preço de um bem no dia a dia.
Risco cambial	Relacionado com a variação nas taxas de câmbio, que impactam qualquer tipo de transação em diferentes moedas.
Risco operacional	Risco de perdas (diretas ou indiretas) determinadas por erros humanos, falhas nos sistemas de informações e computadores, fraudes, eventos externos, entre outras.
Risco soberano	Determinado principalmente por restrições que o país estrangeiro pode impor aos fluxos de pagamentos externos.
Risco legal	Vincula-se tanto à falta de uma legislação mais atualizada e eficiente com relação ao mercado financeiro como a um eventual nível de desconhecimento jurídico na realização dos negócios.
Risco de liquidez	Relacionado com a disponibilidade imediata de caixa diante de demandas por parte dos depositantes e tomadores (titulares de passivos) de uma instituição financeira.
Risco moral	Relacionado com a possibilidade de o tomador de recursos, após a transação efetuada, alterar sua capacidade revelada de pagamento por mudanças inapropriadas em seu comportamento.
Risco de *compliance*	Representados pelas sanções legais ou regulatórias possíveis de serem aplicadas a uma instituição diante de alguma falha no cumprimento da aplicação de leis, regulamentos e código de conduta.

9

PRODUTOS FINANCEIROS

O Capítulo 9 trata das avaliações dos principais produtos financeiros negociados nos mercados financeiros nacional e internacional.

Estudar as características das operações de desconto e securitização de recebíveis, emissão e investimento em debêntures, *comercial papers*, títulos públicos, *warrants* e *export notes*; torna-se essencial para a aplicabilidade e a compreensão dos cálculos dos custos e da rentabilidade dessas operações.

Conhecer as técnicas de Matemática Financeira, bem como as definições e impactos das variáveis macroeconômicas câmbio, inflação e taxa de juros, é indispensável para a avaliação eficiente dos produtos financeiros.

MERCADO FINANCEIRO – EXERCÍCIOS E PRÁTICA • *Assaf Neto*

1. As afirmativas a seguir dizem respeito às Sociedades de Fomento Mercantil, mais conhecidas como empresas de *factoring*. Assinale VERDADEIRO (V) ou FALSO (F) em cada uma delas:

a) (   ) A sociedade de *factoring* é tutelada pelas regras do mercado financeiro, sendo entendida como uma instituição financeira.

b) (   ) Um dos principais serviços das empresas de *factoring* é o desconto de títulos de crédito.

c) (   ) Ao adquirir direitos mercantis de seus clientes, a *factoring* assume também todo o risco inerente ao crédito concedido pela empresa vendedora.

d) (   ) As empresas de *factoring* podem trabalhar com recursos próprios, ou captá-los por meio da emissão de debêntures e notas promissórias comerciais.

e) (   ) Em uma operação de desconto em que haja inadimplência do sacado (quem vai pagar o título), a *factoring* tem o direito de regressar o título ao cedente e exigir a devolução do capital emprestado.

2. Sobre o recolhimento do depósito compulsório, é **incorreto** afirmar que:

a) é determinado pelo Banco Central do Brasil.

b) regula o multiplicador bancário, restringindo em maior ou menor grau, o processo de expansão dos meios de pagamento.

c) incide atualmente sobre os depósitos à vista, depósitos a prazo e fundos de investimento em trânsito.

d) nas operações do mercado interfinanceiro e em cessões de crédito de exportação também pode haver incidência de recolhimento compulsório.

e) os depósitos à vista nos bancos comerciais e múltiplos estão isentos de recolhimento compulsório. Somente os depósitos a prazo e outras formas de captação dos bancos estão sujeitos ao compulsório.

3. A cláusula de repactuação de uma debênture **permite**:

a) que a sociedade emitente da debênture ajuste unilateralmente as condições de remuneração do capital nela investido.

b) que os debenturistas alterem as condições de resgate dos fundos independentemente da aceitação do tomador de recursos.

c) uma livre negociação entre os debenturistas e a sociedade emitente dos títulos com relação aos rendimentos oferecidos pelo título.

d) uma livre negociação entre os debenturistas e a sociedade emitente dos títulos com relação às formas de garantia das debêntures.

e) alterar a forma de lançamento da ação de privada para oferta pública ou vice-versa, desde que acordado com o debenturista.

4. Assinale a alternativa que relaciona corretamente as diferentes formas de garantias das debêntures com a sua descrição:

A. Garantia real

B. Garantia flutuante

C. Garantia quirografária

D. Garantia subordinada

I. Todos os ativos da sociedade emissora são dados como garantia aos debenturistas pelo pagamento de seus direitos creditórios.

II. Em caso de liquidação da sociedade emissora, os debenturistas terão privilégios maiores que os dos acionistas.

III. Os titulares das debêntures assumem uma prioridade geral sobre os ativos da sociedade emissora, sem que haja impedimento na negociação dos bens.

IV. Os debenturistas não têm nenhuma preferência sobre os ativos da sociedade emissora, concorrendo em condições idênticas com os demais credores.

a) A-I, B-III, C-IV, D-II.

b) A-I, B-IV, C-III, D-II.

c) A-II, B-III, C-IV, D-I.

d) A-III, B-II, C-I, D-IV.

e) A-IV, B-I, C-II, D-III.

5. Assinale a alternativa **correta** sobre as afirmações acerca da estrutura de emissão de debêntures:

I. Na emissão privada de debêntures é necessária a coordenação de uma instituição financeira ou um *pool* de instituições.

II. Os direitos dos debenturistas são defendidos junto à empresa emitente por meio da atuação da assembleia de acionistas.

III. Cabe à Assembleia Geral Extraordinária decidir sobre todas as condições de emissão dos títulos, tais como remuneração, garantias, prazo de emissão, entre outras.

IV. Uma emissão de debênture pode se basear unicamente no bom conceito da empresa emitente, sem que haja nenhuma garantia real.

a) Apenas as afirmativas I e II estão corretas.

b) Apenas as afirmativas III e IV estão corretas.

c) Apenas as afirmativas II e III estão corretas.

d) Apenas a afirmativa III está correta.

e) Todas as alternativas estão incorretas.

6. Sobre securitização de recebíveis, é **incorreto** afirmar que:

a) é uma forma de captação de recursos por meio da emissão de títulos de crédito pelo tomador, os quais são garantidos mediante caução de recebíveis.

b) permite que a empresa levante fundos no mercado sem comprometer seus níveis atuais de endividamento do balanço patrimonial.

c) é mais indicada para empresas que contenham uma carteira de recebíveis pulverizada, ou seja, nenhum recebível represente parcela relevante do total.

d) é nomeado um agente fiduciário da operação que se responsabilizará por eventuais perdas na operação.

e) o índice de inadimplência histórica da carteira de recebíveis da empresa afeta o risco de crédito dessa operação.

7. Uma das afirmativas a seguir **não** está correta com relação à Sociedade de Propósitos Específicos (SPE). Aponte-a:

a) Seu objetivo básico é adquirir os recebíveis mediante a respectiva emissão de títulos de crédito para colocação junto a investidores.

b) Sua gestão é supervisionada por um agente fiduciário, que geralmente é um banco.

c) Sofre auditoria externa nas suas operações relacionadas com a empresa comercial emitente dos títulos de crédito.

d) Extingue-se automaticamente quando os recebíveis são resgatados.

e) Entrará em concordata, caso a empresa emitente das debêntures entre em concordata.

8. Assinale VERDADEIRO (V) ou FALSO (F):

a) (   ) A securitização de exportações permite ao exportador recursos mais baratos devido ao baixo risco da operação, que é garantida por depósitos em moeda forte;

b) (   ) A garantia em uma operação de securitização de exportação é a mercadoria embarcada ao exterior.

c) (   ) A securitização de recebíveis imobiliários é uma operação em que são emitidos e negociados títulos no mercado, que têm como lastro a carteira de crédito de uma instituição financeira.

d) (   ) Os Certificados de Recebíveis Imobiliários (CRIs) são geralmente emitidos com as mesmas condições de remuneração e prazos dos CDBs e das debêntures.

e) (   ) As operações de transformação de empréstimo em títulos compõem o conceito global de securitização.

9. Assinale VERDADEIRO (V) ou FALSO (F):

a) (   ) O investimento em *comercial papers* remunera o investidor com juros a cada trimestre, sendo o principal corrigido devolvido na data contratada de resgate.

b) (   ) A taxa de abertura de crédito (TAC), cobrada em uma operação de desconto, costuma incidir sobre o seu valor nominal.

c) (   ) Apesar de ser um título de renda fixa, que remunera o investidor por uma taxa de juros, as debêntures podem também vincular sua remuneração com uma porcentagem do lucro líquido de uma empresa.

d) (   ) Quando a debênture remunera os investidores com base no lucro da empresa emitente, esses rendimentos são considerados dividendos.

10. Assinale a afirmativa **falsa**:

a) A Sociedade de Empréstimos de Propósitos Específicos – SPE adquire os recebíveis de uma empresa e levanta recursos financeiros no mercado por meio da emissão de títulos lastreados nesses valores negociados.

b) O *Trustee* tem por objetivo principal proteger os interesses dos investidores por meio do controle do desempenho dos títulos da carteira, e também supervisionar a gestão das SPE.

c) Por meio de uma operação de securitização de recebíveis, uma empresa torna-se mais endividada, aumentando seu risco financeiro.

d) O colateral (*overcollateral*, em inglês) é cobrado com o intuito de compensar eventuais inadimplências do fluxo de recebíveis adquirido, ou seja, o risco de não pagamento dos créditos pelos devedores. É uma forma de garantia adicional no fluxo de recebíveis.

e) Os recebíveis negociados com a SPE são resultados, por exemplo, de vendas a prazo ainda não vencidas, realizadas por indústrias, supermercados, rede de lojas de varejo, administradores de cartão de crédito, entre outras.

11. Identifique, em cada descrição a seguir, o título público a que se refere:

LTN: Letra do Tesouro Nacional (Tesouro Prefixado)

LFT: Letra Financeira do Tesouro (Tesouro Selic)

NTN B: Nota do Tesouro Nacional – Série B (Tesouro IPCA com Juros Periódicos)

a) (   ) Papel pós-fixado corrigido pela variação do IPCA. Paga juros semestrais por meio do regime de capitalização composta, sendo o resgate do principal no vencimento.

b) (   ) Papel prefixado que prevê um único fluxo de pagamento em seu vencimento.

c) (   ) Papel emitido pelo Tesouro Nacional, diariamente corrigido pela taxa Selic. Não há pagamentos intermediários.

12. Um aplicador investiu $ 5.000,00 em um título de CDB no início de determinado ano. Ao final daquele mesmo ano, retirou todo dinheiro investido juntamente com os juros auferidos, apurando um montante de $ 5.600,00. Sabendo que ocorreu a incidência de 20% de IR sobre os rendimentos brutos por ocasião do resgate, determine a taxa de rentabilidade mensal líquida desse título.

13. Uma aplicação em CDB rende uma taxa efetiva de 13,2% ao ano. Dado o IR retido na fonte de 20% e uma inflação anual de 5,4%, determine:

a) Taxa de retorno efetiva e líquida do IR.

Cap. 9 • PRODUTOS FINANCEIROS **119**

b) Taxa real de juros.

c) Remuneração pelo risco embutido na taxa real, admitindo uma taxa livre de risco de 6% ao ano.

14. Uma aplicação em um título de renda fixa (CDB) está pagando uma taxa de 1,75% a.m. Considerando que a inflação em um determinado mês foi de 0,35% e a taxa de juros livre de risco foi de 0,50% (referencial caderneta de poupança), pede-se:

a) A taxa real de juros mensal.

b) A taxa de risco embutida na operação.

15. Um banco aplica $ 150.000 em CDI por três dias úteis às seguintes taxas *over* mensais: 2,33%, 2,35% e 2,39%. Calcule o valor do montante da operação.

16. Uma duplicata no valor de $ 130.000,00 foi descontada em um banco. A taxa de desconto foi de 1,9% ao mês, pelo prazo de 25 dias. A alíquota de IOF é de 0,0082% ao dia (0,25% ao mês) e 0,38% sobre o valor financiado. A TAC foi de $ 1.000,00. Determine o valor resgatado e o custo efetivo líquido mensal do desconto.

17. Uma empresa necessita de $ 80.000,00 por 65 dias e, para isso, está negociando uma operação de desconto de duplicatas junto a uma instituição financeira nas seguintes condições:

- Taxa de desconto: 3,3% a.m.
- IOF: 0,0082% ao dia e 0,38% sobre o valor financiado.
- Taxa de abertura de crédito (TAC): 0,8% pagos na liberação dos recursos.

Determine qual o valor nominal dos títulos a serem descontados para que a empresa receba a quantia desejada.

18. Uma empresa emitiu um *commercial paper* de $ 2.500.000,00 por um prazo de 180 dias, incorrendo em despesas diversas equivalentes a 0,6% do valor da emissão. Calcule o valor líquido que a empresa emitente receberá, assim como o custo efetivo da operação, sabendo que a remuneração oferecida aos aplicadores é uma taxa de desconto de 1,65% ao mês.

19. Um banco captou $ 146.700,00 no mercado por meio da colocação de títulos de sua emissão. Admita que a instituição, no ato da operação, precisa recolher 23% do valor captado para depósito compulsório e 0,125% para o Fundo Garantidor de Crédito (FGC). Calcule o valor mantido em caixa pela instituição disponível para aplicações. Os rendimentos da captação são pagos por ocasião do resgate.

20. Um banco opera com um *spread* de 24% a.a. (taxa nominal/capitalização mensal) e tem um custo de captação definido pela taxa *over* de 2,5% a.m. Sabendo que o Banco Central exige um encaixe equivalente a 20% dos recursos liberados para empréstimos, sem remunerar o depósito, calcule o custo efetivo mensal de captação do banco em um mês de 22 dias úteis.

21. Uma empresa emitiu um *warrant* de compra para um lote de 1.000 ações pelo preço de exercício de $ 9,00 por ação. Sabe-se que o preço de mercado da ação objeto da opção de compra é de $ 12,50 atualmente. Uma projeção do comportamento do mercado no futuro mostrou que haverá um acréscimo no preço de mercado do *warrant* de 25%. Considerando que as previsões estejam certas, calcule qual valorização percentual da ação que confirmará essas expectativas.

22. Uma empresa lançou debêntures com um prazo de emissão de dez anos. O valor de face do título é de $ 5.000,00, sendo o principal reembolsado ao final do prazo estabelecido, e os juros efetivos de 18% ao ano pagos anualmente. Com base nessas informações, pede-se:

a) O valor do título admitindo que não existe cláusula de conversibilidade e sendo a taxa de retorno anual exigida pelo mercado de 21%.

b) Admitindo que o título tenha sido lançado com conversão em 500 ações da empresa, e que o preço de mercado dessas ações alcance a $ 8,90, mostre se a conversão é viável do ponto de vista do comprador das debêntures.

23. Uma grande empresa brasileira importadora de material de telecomunicações está apreensiva com relação à variação futura da cotação do dólar e, por precaução, decidiu adquirir um *export note* para fazer *hedge* cambial. As características da operação são as seguintes:

Valor nominal: US$ 720.000,00

Paridade cambial (no momento da emissão): R$ 2,80/US$ 1,00

Prazo da operação: 60 dias

Taxa de desconto: 11,8% ao ano

IR na fonte: 20% incidentes sobre o rendimento bruto

Seis meses depois, devido a mudanças no cenário econômico nacional, a cotação do dólar caiu para $ 2,70/US$. Calcule a perda (em %) para o investidor (importador nacional) caso ele tivesse optado por aplicar seus recursos em uma caderneta de poupança que paga juros de 0,5% ao mês mais TR. A TR é de 0,683% no primeiro mês, e de 0,584% no segundo mês.

24. Um investidor adquiriu um *export note* por US$ 20.500 (valor nominal) na época em que a cotação da moeda nacional em relação ao dólar atingia US$ 1,00/ R$ 1,84. O prazo de emissão do título foi de 60 dias com um desconto de 1,7% ao mês (3,4% para 60 dias). Sabendo que há incidência de 20% de IR na fonte sobre o título, e que no momento de seu resgate a cotação atingia a US$ 1,00/ R$ 1,92, calcule:

a) Valor resgatado pelo investidor.

b) Rentabilidade líquida auferida na aplicação.

25. Calcule, a partir das informações a seguir, qual debênture deverá pagar maior retorno ao investidor.

	Debênture A	Debênture B
Prazo de emissão	2 anos	3 anos
Taxa de juros	7% a.a.	11% a.a.
Ágio	2,53%	1,85%
Valor de face	$ 1.000,00	$ 1.000,00
Capitalização dos juros	Semestral	Semestral

26. Um título Tesouro Prefixado, de valor nominal R$ 1.000,00, é negociado com vencimento em 77 dias. A taxa de desconto do título está fixada em 12,25% ao ano *over*. Calcule o preço unitário (PU) do título.

27. Calcule a taxa efetiva anual *over* de um título público, com 51 dias até o seu vencimento, e com um PU de negociação igual a R$ 985,7960.

28. Para uma taxa Selic de 11,8% a.a.o., admita que os investidores desejam apurar uma rentabilidade de 12,0% a.a.o. Sendo de 380 dias úteis o prazo de uma LFT (Tesouro Selic), pede-se calcular a cotação desse título.

29. Suponha as seguintes informações divulgadas para uma Letra Financeira do Tesouro (LFT) – Tesouro Selic – lançado no mercado:

- Valor nominal do título: R$ 1.000,00
- Cotação cheia: 100,0%
- Cotação média: 99,1566%
- Dias úteis de emissão do título: 2.442

Calcule:

a) O preço unitário (PU).

b) A taxa de retorno do título (a.a.o.).

30. Admita uma *export note* de valor nominal US$ 500.000,00, emitido por uma empresa exportadora. O prazo do título é de 90 dias.

O título é negociado com um investidor por uma taxa nominal de desconto de 10% ao ano. A taxa de câmbio na data da aplicação é de US$ 1,00 = R$ 1,1745, e na data de resgate do título é de US$ 1,00 = R$ 1,2130. Nessa aplicação é cobrada, na data de resgate, uma alíquota de IRRF de 15%, calculado sobre o total dos rendimentos apurados. Calcule:

a) O valor aplicado e o valor de resgate líquido do imposto de renda em reais.

b) A taxa efetiva de retorno auferida pelo investidor líquida do IR.

PRODUTOS FINANCEIROS

Conceitos	Definições
Certificado de Depósito Bancário	Títulos de renda fixa, representativos de depósitos a prazo realizados por pessoas físicas e pessoas jurídicas, e emitidos pelos Bancos Comerciais/ Múltiplos, Bancos de Investimentos e Caixas Econômicas.
Certificado de Depósito Interfinanceiro	Títulos que lastreiam as operações realizadas entre os bancos no mercado financeiro. São emitidos por instituições financeiras e têm por função básica viabilizar a transferência de recursos entre os participantes do interfinanceiro.
Factoring	*Operação* voltada sobretudo à prestação de serviços às pequenas e médias empresas, como gestão de caixa e estoques, controle de contas a pagar e a receber, negociações com fornecedores. Como consequência desses serviços prestados, a empresa de *factoring adquire os* direitos creditórios resultantes das vendas mercantis a prazo realizadas por empresas-clientes.
Commercial Paper	Títulos de crédito emitidos visando à captação pública de recursos para o capital de giro das empresas.
Caderneta de Poupança	Aplicação mais popular do mercado financeiro brasileiro. Tem como atrativos a possibilidade de se aplicar qualquer valor, liquidez imediata para o depositante, isenção de IR para pessoas físicas e baixo risco.
Crédito Direto ao Consumidor	Operação de financiamento direcionada para aquisição de bens e serviços pelo consumidor ou usuário final.
Warrants	Opção de compra, dentro de um prazo preestabelecido, de certa quantia de ações a determinado preço, definida por preço de exercício.
Export Notes	Título representativo de uma operação de cessão de créditos de exportação, sendo lastreado em negociações de vendas a importadores estrangeiros.

10

MERCADO DE RENDA FIXA – AVALIAÇÃO DE BÔNUS

O Capítulo 10 dedica-se ao estudo do mercado de renda fixa. Aborda, de maneira ilustrativa, a formação dos preços de mercado, a determinação do *Yield To Maturity* (YTM) e a avaliação da maturidade e da volatilidade dos títulos.

Por meio do cálculo do *yield to maturity* torna-se possível analisar o rendimento efetivo dos títulos de renda fixa até seu vencimento. A determinação do YTM considera o preço de mercado do título e os fluxos de rendimentos associados.

Outro aspecto relevante da avaliação de um título de renda fixa é a distribuição dos fluxos de caixa no tempo. A maturidade mede qual é o prazo do título. Por sua vez, a *duration* mede a sensibilidade de um título que considera, em seus cálculos, todos os pagamentos intermediários; e pode ser entendida como uma medida de risco, pois descreve a sensibilidade do preço de mercado do título em relação à variação da taxa de juros.

1. Sobre os bônus, **não** podemos afirmar que:

a) o seu preço de mercado varia inversamente à maneira como os juros se movimentam no mercado.

b) pagam juros periódicos a seus proprietários ou determinado montante fixo ao final do prazo de emissão.

c) podem ser considerados notas promissórias com garantias reais.

d) são avaliados por meio do fluxo de caixa prometido ao investidor, descontado a uma taxa que reflete o risco do investimento.

e) um aumento no rendimento exigido reduz o valor presente de seus fluxos de caixa esperados, diminuindo assim o seu preço.

2. Ao adquirir bônus (obrigação de longo prazo), o investidor estará sujeito aos seguintes riscos, **exceto**:

a) Liquidez do mercado.

b) Inadimplência do emitente.

c) Oscilações nas taxas de juros do mercado.

d) Variações cambiais.

e) Oportunidades de reinvestimento dos fluxos de caixa recebidos pelo investidor.

3. Assinale VERDADEIRO (V) ou FALSO (F):

a) ( ) Os juros pagos pelos bônus (cupons) são exclusivamente fixos, ou seja, um percentual calculado sobre o valor do principal.

b) ( ) *Equity Related* é o termo utilizado para títulos conversíveis em ações.

c) ( ) O capital aplicado na aquisição de bônus é pago (reembolsado) unicamente no vencimento do título.

d) ( ) Os bônus emitidos pelo governo são considerados os bônus de mais baixo risco.

4. Considere as seguintes afirmações:

I. O conceito de *Yield to Maturity* (YTM) assume o pressuposto de reinvestimento dos fluxos intermediários de caixa à própria taxa de juros prometida pelo investimento.

II. Títulos com cupom zero são geralmente negociados por um preço maior que o seu valor de face (ágio), para compensar o não pagamento de juros durante sua maturidade.

III. Se a YTM não superar a taxa de rentabilidade requerida, tornará o investimento no título desinteressante.

IV. O risco é uma função decrescente do prazo do título: quanto maior o tempo de vencimento, menor é o risco apresentado.

a) Apenas as afirmativas I e II estão corretas.

b) Apenas as afirmativas II e III estão corretas.

c) Apenas a afirmativa II está incorreta.

d) Apenas a afirmativa IV está incorreta.

e) Apenas as afirmativas II e IV estão incorretas.

5. Assinale a afirmativa **incorreta**:

a) Para um título com valor de face, cupom e *maturity* dados, quanto mais alta a taxa de desconto, maior o deságio.

b) Para um título com valor de face, *maturity* e taxa de desconto dados, quanto menor o retorno oferecido, maior o preço de negociação.

c) Para um título com *maturity*, cupom e taxa de desconto dados, quanto maior o valor de face, maior o preço de negociação.

d) Para um título com valor de face, cupom e *maturity* dados, quanto mais alta a taxa de desconto, maior o preço de negociação.

e) Para um título com valor de face, *maturity* e taxa de desconto dados, quanto maior o retorno oferecido, menor o ágio.

6. Assinale a afirmativa **correta**:

a) Quando as taxas de juros do mercado se elevam, os preços de negociação dos títulos de renda fixa também aumentam.

b) Como os cupons são fixos por toda a maturidade, variações no retorno requerido afetam unicamente o preço do título.

c) Se o retorno apurado do título for inferior ao seu cupom, o preço de mercado do título sofre um desconto.

d) Os preços de negociação dos títulos de renda fixa e os juros de mercado apresentam o mesmo comportamento.

e) Se o retorno exigido de um título de renda fixa for superior ao pagamento do cupom, o título é negociado com ágio.

7. O *current yield* demonstra:

a) a rentabilidade periódica de um *bônus* em relação a seu preço corrente de mercado.

b) as mudanças ocorridas nos preços do título em razão de modificações verificadas nas taxas de juros de mercado.

c) a rentabilidade periódica de um título em relação à taxa de retorno definida pelo investidor do título.

d) o prazo médio do título levando em conta o valor do dinheiro no tempo.

e) a rentabilidade periódica de um *bond* em relação à remuneração exigida pelo mercado.

8. Para um bônus com valor de face, cupom e maturidade fixos, assinale a alternativa **incorreta**:

a) Quanto menor o valor de mercado, maior o *current yield*.

b) Quanto maior o valor de mercado, menor a *yield to maturity*.

c) Quanto menor o valor de mercado, menor a *yield to maturity*.

d) Quanto maior o valor de mercado, maior o ágio.

e) Independentemente do valor de mercado, o valor do cupom será o mesmo.

9. Assinale a afirmativa **correta**:

a) A *yield to maturity* não considera em seu cálculo a perda do investidor diante de um eventual ágio pago.

b) O *current yield* é calculado pela relação entre o valor do cupom de um título e o seu valor de face.

c) Se o retorno apurado por um título for inferior ao seu cupom, o preço de mercado do título sofre um desconto.

d) Se o retorno de um título for superior ao pagamento do cupom, o título é negociado no mercado com ágio.

e) Se o retorno oferecido por um título for igual ao seu cupom, então o título está negociado no mercado ao par, ou seja, o valor de mercado é igual ao valor de face.

10. Supondo um título de renda fixa onde a maturidade e o preço corrente de mercado sejam fixos, podemos afirmar que:

a) um aumento no cupom, para uma mesma taxa de desconto, diminui a *duration*.

b) uma redução no cupom, seguida de um aumento na taxa de desconto, provoca uma diminuição da *duration*.

c) um aumento na taxa de desconto, para um mesmo cupom, aumenta a *duration*.

d) um aumento no cupom, seguido de uma redução da taxa de desconto, provoca uma diminuição da *duration*.

e) uma diminuição do cupom, para uma mesma taxa de desconto, aumenta a *duration*.

11. Assinale VERDADEIRO (V) ou FALSO (F):

a) (   ) O uso da *duration* pela formulação de Macauly leva em conta, além do prazo de vencimento do título, os diversos momentos de ocorrência dos fluxos de caixa.

b) (   ) Conforme se eleva o prazo de vencimento de um título, a *duration* também se eleva em taxas cada vez mais crescentes.

c) (   ) A *duration* de um título mantém uma relação inversa com as taxas de juros do mercado, em razão da perda de importância relativa dos fluxos de caixa mais distantes quando descontados a taxas maiores.

d) (   ) Quanto menor se apresentarem os juros dos cupons, mais rapidamente um determinado título realiza, em termos de caixa, seu investimento.

e) (   ) Bônus de maior maturidade, em geral, são os que apresentam as maiores variações em seus preços diante de uma dada modificação nas taxas de juros.

12. Preencha as lacunas a seguir de acordo com o conceito correspondente:

- *maturity*
- cupons
- *duration*
- *yield to maturity*
- *current yield*

a) O conceito de _____ equivale ao tempo médio que um investidor tarda em receber seu capital aplicado mais os rendimentos.

b) O rendimento efetivo dos títulos de renda fixa até seu vencimento é refletido pela _____.

c) Os juros pagos pelos bônus são representados por _____, podendo ser fixos ou variáveis.

d) O _____ demonstra a rentabilidade periódica de um *bond* em relação a seu preço corrente de mercado.

e) O prazo de resgate de títulos de renda fixa é conhecido no mercado financeiro pelo termo _____.

13. Identifique com V (VERDADEIRO) ou F (FALSO) as afirmativas a seguir:

a) ( ) Quando as taxas de desconto dos bônus se elevam, seu valor de mercado se reduz, aumentando a rentabilidade oferecida ao investidor.

b) ( ) A *duration* de Macaulay é geralmente maior que a maturidade do título.

c) ( ) Quanto maior a maturidade de um bônus, maiores são as variações em seus preços diante de uma alteração nas taxas de juros.

d) ( ) O *Zero Coupon Bond* é um título que não prevê pagamento de juros, negociado com deságio, e que paga o seu valor de face no vencimento.

e) ( ) A *duration* de um bônus zero cupom é a média aritmética do prazo do título.

14. Calcule o valor de mercado de um bônus e identifique se o título é negociado com ágio ou deságio, sabendo que:

- Valor de face: $ 1.000,00.
- A *maturity* do título é de três anos (6 semestres).
- O título paga juros semestrais de 7% ao ano.
- A taxa de desconto exigida pelos investidores é de 6% ao ano.

15. Um título paga juros semestrais de 12% ao ano, sendo sua taxa de desconto de 10% ao ano. O prazo do título é de quatro anos (8 semestres). Calcule o ágio de negociação do título.

Cap. 10 • MERCADO DE RENDA FIXA – AVALIAÇÃO DE BÔNUS **131**

16. Um bônus com valor de face de $ 2.500,00 e maturidade de 8 anos paga um cupom semestral proporcional a 12% ao ano. Sabendo-se que o rendimento exigido pelo investidor é de 4,5% ao semestre, calcule:

a) O preço de mercado desse bônus.

b) O ágio (ou deságio) da operação.

17. Um bônus com valor de face de $ 1.000,00 e prazo de vencimento de 2,5 anos, paga juros semestrais de 8% ao ano. A taxa de desconto aplicada pelos investidores é de 11% ao ano. Determine o valor de mercado do título.

18. Um bônus com valor de face de $ 1.000,00 está sendo negociado no mercado com deságio de 8%. A maturidade desse título é de 10 anos, sendo pago um cupom de 8,5% ao ano (rendimentos semestrais). Pede-se calcular:

a) *Yield to maturity* do título.

b) *Current yield* (CY) do título.

19. Um título de renda fixa, de valor de face de $ 1.000,00, foi lançado com um deságio de 10% e promessa de um rendimento semestral proporcional a 11,5% a.a. O prazo desse bônus é de seis anos. Para uma taxa de desconto de 4,7% a.s., calcule:

a) O preço de mercado do título.

b) A *duration* do bônus.

20. Admita que os títulos da dívida externa de uma economia emergente estejam negociados no mercado com deságio de 14,5%. Os títulos têm vencimento de 7 anos e pagam juros semestrais proporcionais a 10% ao ano. Determine a *yield to maturity* desses títulos.

21. Um título com três anos de maturidade oferece rendimentos semestrais proporcionais a 7,5% ao ano. A taxa de retorno requerida pelos investidores atinge a 10% ao ano. O valor de face do título é de $ 1.000,00. Calcule a *duration* do título.

22. Determine a *duration* de um título com maturidade de 5 anos e valor de face de $ 1.000,00. O título oferece rendimentos de 9% ao ano pagos a cada semestre, e uma rentabilidade exigida pelos investidores de 5,5% ao semestre.

23. A seguir são apresentadas as informações de dois ativos que compõem uma carteira de investimentos:

Título	Prazo de Resgate	Valor de Resgate	Taxa de Juros
L	54 dias	$ 103.500	1,21% ao mês
M	101 dias	$ 193.100	1,29% ao mês

Calcule:

a) A *duration* da carteira.

b) A rentabilidade mensal efetiva da carteira.

24. Calcule a *duration* da carteira a seguir:

Título	Prazo de Resgate	Valor de Resgate	Taxa de Juros
K	44 dias	$ 11.200	1,17% ao mês
L	31 dias	$ 18.400	1,12% ao mês
M	66 dias	$ 40.400	1,24% ao mês

25. Calcule a *duration* de um título com maturidade de 5 anos, que paga rendimentos semestrais proporcionais a 10% ao ano. O título está sendo negociado no mercado com deságio de 3,5%.

26. O valor de face de um título é de $ 1.000,00, sendo seu valor atual de negociação de $ 976,00. O título paga cupom semestral de 8,5% ao ano, e apresenta um prazo de vencimento de 5 anos. Calcule a YTM e a *duration* do título.

27. Admita um título com maturidade de 5 anos e valor de emissão R$ 1.000, que paga cupom de 6% a.a. anualmente. Para uma taxa de desconto de 8% a.a., calcule:

a) A *yield to maturity*.

b) A *duration*.

28. A *duration* modificada de um título que paga cupom semestral de 9% ao ano é estimada em 6,5 anos. Determine a variação no preço do título pela *duration* modificada, se as taxas de juros de mercado:

Cap. 10 • MERCADO DE RENDA FIXA – AVALIAÇÃO DE BÔNUS **133**

a) Subirem 1 ponto percentual.

b) Caírem 1 ponto percentual.

29. A tabela a seguir ilustra as taxas *over* efetivas Selic definidas como meta pelo Bacen. Pede-se preencher os espaços em branco com as taxas equivalentes.

Referência	Taxa anual efetiva *over*	Taxa por dia útil	Taxa para o mês com 21 dias úteis
Ano 3	17,31%		1,3393%
Ano 4	17,23%	0,0631%	
Ano 5			1,4260%
Ano 6		0,0491%	

30. Assinale VERDADEIRA (V) ou FALSA (F) em cada afirmativa a seguir:

a) (   ) A relação verdadeira entre o preço de um título e a taxa de juros não é linear, forma uma convexidade. Um título menos convexo produz maior valorização e menor redução de preço quando as taxas de juros flutuam no mercado do que outro título mais convexo.

b) (   ) O *bookbuilding* constitui-se em um procedimento de consulta ao mercado, realizado geralmente pelo emitente de um título, com o objetivo de conhecer as expectativas dos investidores com relação ao ativo. Pode ser realizado com títulos de renda variável e de renda fixa, como ações, debêntures, notas promissórias e cotas de fundos de investimentos.

c) (   ) O Índice de Renda Fixa de Mercado é uma medida utilizada com o objetivo de avaliar o desempenho dos títulos de renda fixa negociados no mercado secundário brasileiro. Exprime a rentabilidade de uma carteira teórica composta por títulos públicos federais negociados no mercado.

d) (   ) Os títulos de renda fixa mantidos em carteira são atualizados de acordo com o seu comportamento de mercado, sendo esse processo conhecido por *marcação a mercado*. Se o investidor decidir manter os seus títulos adquiridos em carteira até o seu vencimento, os seus rendimentos da aplicação podem variar aos contratados no momento da compra, sendo afetados pelas variações das taxas de juros de mercado.

PROGRAMAÇÃO PARA CÁLCULO DA *DURATION* NA HP 12C

Teclas	Visor		
f ; P/R	00-		
1	01-		1
ENTER	02-		36
RCL 3	03-	45	3
+	04-		40
ENTER	05-	36	
RCL 2	06-	45	2
Y^x	07-		21
1	08-		1
-	09-		30
RCL 1	10-	45	1
x	11-		20
RCL 3	12-	45	3
+	13-		40
STO 4	14-	44	4
RCL 1	15-	45	1
RCL 3	16-	45	3
-	17-		30
RCL 2	18-	45	2
x	19-	20	
RCL 3	20-	45	3
+	21-		40
1	22-		1
+	23-		40
RCL 4	24-	45	4
÷	25-		10
STO 4	26-	44	4
RCL 3	27-	45	3
1	28-		1
+	29-		40
RCL 3	30-	45	3
÷	31-		10
RCL 4	32-	45	4
-	33-		30
f ; P/R	0,0000		

Teste: cupom 14% a.a.; 5 anos de maturidade; e YTM de 9,5% a.a.

Na HP12C: 0,14 STO 1; 5 STO 2; 0,095 STO 3; R/S 4,0004 anos

11

MERCADO PRIMÁRIO DE AÇÕES

O Capítulo 11 está direcionado ao estudo mais completo do mercado de ações, tratando dos conceitos gerais, formas de negociações e tipos de valores mobiliários, mercados primário e secundário, abertura de capital e os principais direitos dos acionistas.

Compreender as características das ações, o funcionamento do mercado no qual os valores mobiliários são negociados, e as vantagens e desvantagens de investir recursos no mercado acionário, torna-se fundamental para a correta avaliação dos títulos de renda variável por parte dos diversos investidores. Vale ressaltar que a legislação vigente no Brasil apresenta mecanismos de proteção aos direitos dos acionistas, em especial os minoritários.

Já por parte das empresas, também é essencial o conhecimento acerca do mercado de ações, bem como dos custos e riscos envolvidos com a negociação de títulos nesse mercado, para uma decisão eficiente em termos de captação de recursos por meio da abertura de capital.

1. Sobre o mercado de ações, assinale a alternativa **incorreta**:

a) Uma ação não tem prazo de resgate, podendo ser convertida em dinheiro a qualquer momento.

b) As ações não devem, necessariamente, ser emitidas sob a forma física, podendo ser do tipo escritural.

c) As companhias de capital fechado, tipicamente familiares, também podem emitir ações.

d) O investidor poderá alterar sua participação acionária sempre que desejar, por meio da compra e venda de ações.

e) O acionista é, em última instância, um credor da empresa.

2. Assinale VERDADEIRO (V) ou FALSO (F):

a) ( ) A função básica do mercado de capitais é a de promover a riqueza nacional por meio da participação da poupança de cada agente econômico.

b) ( ) Somente as companhias abertas podem emitir ações representativas de seu capital social.

c) ( ) As ações ordinárias são as que conferem ao titular o direito de voto na assembleia de acionistas, e revestem o investidor do poder de decisão.

d) ( ) Em economias mais desenvolvidas, o controle das grandes sociedades só é conseguido por meio de uma alta participação acionária, o que torna as ações mais competitivas no mercado.

e) ( ) Para o acionista preferencial, o lucro é mais importante que o controle da companhia, priorizando a distribuição de resultados.

3. Assinale VERDADEIRO (V) ou FALSO (F) em cada afirmativa a seguir:

a) ( ) Ação é um título negociável que representa a menor parcela na qual se divide o capital de uma sociedade anônima.

b) ( ) Todo acionista é um coproprietário da empresa com direito a voto em suas assembleias.

c) ( ) Cautela é um certificado que materializa a existência de um determinado número de ações.

d) ( ) Todas as ações emitidas pelas sociedades anônimas são negociadas em bolsas de valores.

e) ( ) Uma ação não tem prazo de resgate, podendo ser comprada ou vendida a qualquer momento.

4. Considere as afirmações a seguir:

I. As ações preferenciais passam a ter direito a voto se uma companhia passar três anos consecutivos sem distribuir dividendos preferenciais.

II. As ações denominadas gozo ou fruição são colocadas em negociação em bolsas de valores quando da dissolução da empresa, para estabelecer o montante de recursos que caberiam aos acionistas.

III. As ações nominativas endossáveis são representadas por cautelas e trazem o nome somente do primeiro investidor registrado em um livro de registro das ações endossáveis.

IV. Ações escriturais são ações nominativas sem suas respectivas cautelas, movimentadas mediante extratos bancários e sem manuseio físico de papel.

a) Apenas as afirmativas I e II estão corretas.

b) Apenas as afirmativas I e IV estão corretas.

c) As afirmativas I, II e III estão corretas.

d) As afirmativas I, II e IV estão corretas.

e) Todas as afirmativas estão incorretas.

5. Preencha as lacunas nas sentenças a seguir de acordo com os valores monetários da ação:

- nominal
- patrimonial
- intrínseco
- de liquidação
- de subscrição
- de mercado

a) O valor _____ representa o efetivo preço de negociação da ação, sendo definido a partir de percepções dos investidores e de suas estimativas com relação ao desempenho da empresa e da economia.

b) O valor _____ é determinado quando do encerramento das atividades de uma companhia.

c) O valor _____ de uma ação representa a parcela do capital próprio da sociedade que compete a cada ação emitida.

d) O valor _____ é o valor atribuído a uma ação previsto no estatuto social da companhia.

e) O valor _____ é o preço definido no lançamento de ações em operações de abertura de capital de uma empresa.

f) O valor _____ de uma ação equivale ao valor presente de um fluxo esperado de benefícios de caixa, descontado a uma taxa que reflete o risco do investimento.

6. Sobre o *split* (desdobramento de ações) é **correto** afirmar que:

a) O *split* é a elevação do número de ações representativas do capital social de uma empresa, promovendo um consequente aumento de seu valor nominal.

b) O *split*, ao produzir a redução do valor nominal das ações, altera o capital social da empresa.

c) Em um *split* 2 por 1, cada duas ações antigas são trocadas por uma nova ação.

d) As ações desdobradas são subscritas preferencialmente pelos atuais acionistas por um preço de lançamento.

e) O *split* é recomendado para ações com alta liquidez no mercado, proporcionando melhor equilíbrio e estabilidade em seu preço de negociação.

7. Identifique as afirmativas com VERDADEIRO (V) ou FALSO (F):

a) ( ) Os juros pagos aos debenturistas são considerados dividendos.

b) ( ) Um índice de *payout* de 40% indica que a empresa retém, em média, 40% de seus lucros para reinvestimento e distribui aos seus acionistas, na forma de dividendos, o equivalente a 60%.

c) ( ) O ganho de um investimento em ações é determinado basicamente pelos dividendos distribuídos e valorização dos papéis no mercado.

Cap. 11 • MERCADO PRIMÁRIO DE AÇÕES   **139**

d) (   ) Mesmo uma empresa que não distribui dividendos pode ter suas ações valorizadas no mercado.

e) (   ) Os juros sobre o capital próprio (JSCP) são pagos aos acionistas com base nos lucros auferidos pela empresa no exercício.

8. Uma empresa apurou ao final de um exercício um lucro líquido de R$ 132,5 milhões. Em fase de forte expansão de seus negócios, a assembleia geral de acionistas aprovou a retenção de $ 116,6 milhões para reinvestimento. O índice de *payout* calculado para o exercício é:

a) 88,0%.

b) 13,6%.

c) 12,0%.

d) 13,6%.

9. Sobre o rendimento e o risco das ações, podemos afirmar que:

a) A ação é um título de renda fixa, que oferece resultados com base nos lucros das empresas emitentes.

b) A realização financeira total do valor patrimonial de uma ação ocorre no momento do lançamento das ações no mercado, quando da abertura de capital de uma empresa.

c) Altos índices de *payout* evidenciam uma elevada importância à opção de reter lucros como fonte de financiamento de uma empresa.

d) O risco de mercado é identificado pela variabilidade dos retornos de um título em relação ao seu valor médio, denotando menor confiança ao investidor quanto maior for essa variância.

e) O risco econômico da empresa advém da maneira como é financiada e reflete a capacidade em liquidar seus compromissos financeiros assumidos.

10. Assinale a afirmativa **incorreta** com relação aos juros sobre o capital próprio:

a) São pagos com base nas reservas patrimoniais de lucro da empresa, e não com base no resultado obtido no período.

b) Seu pagamento traz certos privilégios fiscais, como abatimentos no imposto de renda.

c) Sua apuração é obrigatória para todas as empresas de capital aberto com ações negociadas em bolsa de valores.

d) São descontados do montante obrigatório de dividendos devidos pelas sociedades anônimas.

e) Por orientação da CVM, esses juros, quando descontados do resultado do exercício, devem ser estornados para fins de publicação da Demonstração de Resultados do Exercício.

11. Podem ser feitas as seguintes afirmações sobre os direitos de subscrição, **exceto**:

a) O direito de subscrição é previsto para todos os atuais acionistas, que possuem o direito de adquirir novas ações emitidas por uma companhia.

b) O acionista pode não desejar exercer esse direito, vendendo-o ou transferindo-o a terceiros por meio de pregão na bolsa de valores.

c) Os atuais acionistas de uma companhia têm preferência de compra por certo período, a um preço preestabelecido na proporção das ações possuídas.

d) O acionista perde o direito de subscrição se não o exercer no prazo determinado pela assembleia de acionistas da companhia.

e) O ganho do subscritor se dá quando o preço definido de subscrição for superior ao seu valor de mercado.

12. Sobre bonificação, podemos afirmar que:

a) quando for realizada mediante alteração do valor nominal da ação, não haverá necessidade de emissão de novos títulos por parte da empresa.

b) é esperado que a bonificação promova alterações no valor de mercado da ação, devido ao maior número de ações em circulação.

c) em razão de a bonificação provocar uma alteração na participação do acionista no capital da empresa, as estruturas econômica e financeira da empresa também se alteram.

d) quando a bonificação é efetuada pela emissão de novas ações, o acionista será beneficiado pelo aumento no seu volume de riqueza.

e) em um mercado eficiente, o preço de negociação da ação será valorizado quando ocorrer uma bonificação.

Cap. 11 · MERCADO PRIMÁRIO DE AÇÕES / **141**

13. **Não** podemos considerar correta a seguinte afirmação sobre o desdobramento de ações – *split*:

a) É realizado por meio da emissão de novas ações em razão da representação do capital social em um número maior de ações.

b) Altera o valor do capital da sociedade, por meio da alteração do valor individual de cada ação.

c) É uma forma de reduzir o preço de mercado das ações mediante alterações em seu valor nominal e na quantidade física emitida.

d) Tem como objetivo dar maior liquidez aos papéis de uma sociedade, para torná-la acessível a uma quantidade maior de investidores.

e) Após sua prática, o preço teórico da ação deve atingir um valor que não venha alterar o patrimônio dos acionistas.

14. Assinale a afirmativa **correta:**

a) A classificação em mercado primário e secundário é baseada na natureza dos títulos negociados.

b) No mercado primário são realizadas a compra e a venda dos títulos já lançados entre investidores.

c) No mercado secundário não são transferidos valores monetários para o financiamento das empresas, ocorrendo apenas transferências entre investidores.

d) A função essencial do mercado primário é dar liquidez ao mercado secundário, viabilizando o lançamento de ativos financeiros.

e) Uma importante contribuição do mercado primário é a capacidade informacional, realizada por meio da incorporação de informações relevantes aos preços dos papéis negociados.

15. As seguintes afirmativas dizem respeito ao processo de abertura de capital das empresas. Assinale VERDADEIRO (V) ou FALSO (F):

a) ( ) O *underwriting* é o lançamento público de novas ações, operação na qual a sociedade emitente coloca seus valores mobiliários no mercado primário, mediante intermediação de uma instituição financeira.

b) ( ) O *block trade* permite que uma empresa transforme um lote de milhões de ações em um número menor de títulos, evitando confusão entre os investidores.

c) ( ) Quando a intermediadora financeira assume amplamente o risco da colocação das novas ações de uma empresa no mercado, temos a chamada subscrição do tipo puro ou firme.

d) ( ) Na subscrição do tipo melhor esforço, há um comprometimento entre a instituição e a empresa emitente de negociar somente parte das novas ações com o mercado durante certo tempo.

e) ( ) A diluição injustificada da participação acionária poderá ocorrer quando uma sociedade colocar ações no mercado primário por um preço substancialmente inferior daquele praticado no mercado secundário.

16. São vantagens da abertura de capital, **exceto:**

a) melhoria da imagem institucional.

b) incentivo à profissionalização das decisões da empresa.

c) prazo indeterminado de resgate dos recursos levantados.

d) redução dos gastos com publicações de demonstrações.

e) acesso a crédito de longo prazo com melhores taxas de juros.

17. Com relação ao direito de subscrição, identifique a afirmativa **correta:**

a) O direito de subscrição refere-se ao direto de um acionista em adquirir a quantidade desejada das novas ações emitidas pela sociedade no mercado primário.

b) O direito de subscrição de novas ações é intransferível. Se o acionista não adquirir as novas ações previstas, o direito se extingue sem poder ser repassado a nenhum outro investidor.

c) Os bônus de subscrição são títulos negociáveis no mercado de capitais, que concedem aos titulares o direito de subscrever ações pelo seu preço de lançamento.

d) A aquisição de uma ação nova, no direito de preferência, é efetuada pelo seu valor de mercado.

18. Identifique com V (VERDADEIRO) ou F (FALSO) as afirmativas a seguir:

a) ( ) A bonificação é um direito do acionista em receber ações de forma proporcional à sua participação no capital de uma sociedade. A bonificação é distribuída em decorrência de um aumento de capital da sociedade pela incorporação de reservas patrimoniais.

b) ( ) A bonificação permite que a empresa eleve a participação de recursos próprios em sua estrutura de financiamento, podendo promover, em decorrência, modificações no preço de mercado das ações.

c) ( ) O grupamento de ações (*inplit*) é um processo que permite expressar o valor de negociação de uma ação a partir de uma quantidade padrão (lote). As sociedades recorrem ao *inplit* quando suas ações se encontram negociadas no mercado por valores bastante reduzidos, praticamente sem expressão monetária de negociação.

d) ( ) Quando uma empresa já possui ações emitidas, um novo aumento de capital pode ser negociado diretamente em bolsa de valores, sem necessidade de serem lançadas no mercado primário.

19. Acerca do processo de subscrição pública de ações (*underwriting*), assinale a afirmativa **incorreta**:

a) No lançamento público de ações, a sociedade atrai novos investidores pela subscrição e integralização de novas ações, gerando assim recursos financeiros para financiar seu crescimento.

b) O lançamento de ações (*underwriting*) pode ocorrer também pela oferta de ações já emitidas e possuídas por um acionista (ou grupo de acionistas). Nesse caso, os recursos financeiros não entram na empresa, sendo direcionados aos acionistas.

c) O preço de emissão de novas ações deve acompanhar o preço de negociação de mercado, não sendo permitido efetuar deságio no lançamento.

d) As companhias brasileiras, em processo de abertura de capital, devem obedecer ao limite de 50% de ações preferenciais sobre o total das ações emitidas.

20. Identifique a definição **correta** sobre a *tag along*:

a) Assegura a todos os acionistas o direito de subscrição de novas ações.

b) Assegura aos acionistas majoritários definirem o preço da ação a ser pago aos minoritários.

c) Assegura aos acionistas minoritários o direito de não venderem sua participação acionária, em caso de negociação do controle acionário da sociedade.

d) Assegura a todos os acionistas minoritários um pagamento mínimo em relação ao valor pago aos acionistas controladores da sociedade, em caso de negociação do controle acionário.

21. Assinale a afirmativa **correta**:

a) O IPO refere-se a um processo de aumento de capital de uma companhia aberta (com ações em bolsa) mediante a emissão e colocação de novas ações no mercado.

b) O *bookbuilding* é um livro de registro das novas ações emitidas por uma companhia.

c) A operação de IPO dá garantias ao investidor de um preço mínimo de negociação das ações subscritas, eliminando o risco de perda na subscrição.

d) O custo da operação para um investidor em IPO se resume somente no preço pago pelas ações. As despesas de corretagem são de responsabilidade da empresa emissora.

e) Um investidor pode adquirir ações em operação de IPO diretamente da empresa que realiza a abertura de capital, sem a necessidade de um intermediário financeiro.

22. Admita uma empresa com 80 milhões de ações emitidas e negociadas no mercado por \$ 12,30/ação. A assembleia geral autorizou um aumento de capital de 40% mediante a emissão de novas ações. O preço de subscrição foi fixado em \$ 12,10/ação. Se um acionista detém 8,5% do capital acionário da sociedade, pede-se calcular:

a) A quantidade máxima de ações que o acionista pode subscrever pelo preço de lançamento.

b) O valor do investimento caso o acionista decida exercer seu direito de subscrição.

Cap. 11 • MERCADO PRIMÁRIO DE AÇÕES **145**

23. A assembleia de acionistas de uma companhia aberta com 200 milhões de ações emitidas, decide autorizar um aumento de capital de 20%. Este percentual equivale a uma nova ação para cada cinco antigas possuídas. O preço de subscrição é de $ 25,40/ação. A ação está atualmente cotada no mercado em $ 27,90. Calcule:

   a) O preço teórico de mercado da ação após o exercício do direito de subscrição.

   b) O valor do direito de subscrição.

24. Um acionista detém 1.300.000 ações de uma companhia que tem emitidas 35.000.000 ações no mercado. A cotação atual é de $ 6,42/ação. Admita que esteja prevista uma subscrição de capital da ordem de 25%, com preço fixado em $ 6,00 por ação. Calcule:

   a) O preço teórico de mercado.

   b) O patrimônio do acionista ao final da subscrição.

   c) O preço do direito de subscrição.

   d) O patrimônio do acionista ao optar pela venda do direito de subscrição.

25. Admita que uma empresa tenha um capital social de $ 850.000 e reservas patrimoniais de $ 600.000, totalizando um patrimônio líquido de $ 1.450.000. Nessa estrutura, a empresa decide elevar seu capital social mediante a incorporação de 40% de suas reservas. Demonstre como se apresenta o patrimônio líquido da sociedade caso:

   a) As ações da companhia tenham um valor nominal de $ 10,00.

   b) As ações da companhia não apresentem valor nominal.

26. Suponha que uma empresa tenha suas ações negociadas em bolsa de valores a uma cotação média de $ 25 cada uma, e que seu valor nominal atinja $ 20 por ação. A empresa constata dificuldades em melhorar a liquidez de seus papéis no mercado, e observa ainda que a maioria de suas ações está em poder de investidores institucionais. A solução empregada pode ser o uso do *split* por meio do desmembramento de cada ação em 20 ações de valor nominal de $ 1 cada uma. Se um acionista tem 100.000 ações, quanto deve atingir o preço de equilíbrio teórico de mercado para que sua riqueza não seja alterada? Qual é o valor final da riqueza do investidor?

27. Relacione os conceitos acerca dos direitos dos acionistas com suas respectivas características:

Dividendos (D)

Direito de fiscalização e informação (FI)

Preferências na subscrição (S)

Direito de recesso ou retirada (R)

Direito a voto (V)

Direito de *tag along* (TA)

a) ( ) Tem por objetivo resguardar o acionista minoritário contra eventuais alterações relevantes no estatuto e no funcionamento da companhia, conforme previsto na Lei das Sociedades por Ações.

b) ( ) Direito de participar dos resultados sociais anuais, toda vez que a companhia apurar lucro.

c) ( ) Direito de participar em assembleias gerais, expressando opinião sobre os assuntos em pauta e solicitando também esclarecimentos.

d) ( ) Direito do acionista de ser informado sobre os fatos considerados relevantes para a companhia, como transferência de controle acionário, cancelamento do registro de companhia aberta, resultados sociais apurados e distribuição de dividendos.

e) ( ) Em caso de alienação do controle acionário de uma companhia, o novo controlador tem a obrigação de realizar uma oferta pública, visando à aquisição das ações com direito a voto pertencentes aos acionistas minoritários.

f) ( ) Direito que evita que o acionista sofra uma redução na participação do capital da companhia quando novas ações forem emitidas.

28. Assinale VERDADEIRO (V) ou FALSO (F) nas afirmativas a seguir:

a) ( ) As ações ordinárias dão aos seus proprietários o direito a voto.

b) ( ) O valor nominal de uma ação é o valor de face declarado no momento de sua emissão.

c) ( ) O montante mínimo de ações a serem emitidas deve ser autorizado somente pelo Conselho de Administração.

Cap. 11 • MERCADO PRIMÁRIO DE AÇÕES **147**

d) ( ) O número de ações emitidas não pode ser inferior ao número de ações autorizadas.

29. Assinale VERDADEIRO (V) ou FALSO (F) nas afirmativas a seguir:

a) ( ) O ágio na venda de ações é a diferença entre o valor nominal e o valor de mercado da ação.

b) ( ) Empresas que pagam dividendos regularmente não têm valorização de suas ações no mercado.

c) ( ) Os lucros retidos são a parte não distribuída dos lucros.

d) ( ) As ações preferenciais e ordinárias não têm diferença com relação ao recebimento de dividendos.

e) ( ) As ações preferenciais têm características semelhantes aos títulos de dívida.

30. Considere as Demonstrações Contábeis a seguir:

(Em milhares R$)

Balanço Patrimonial	2016	2017		2016	2017
Ativo total	*6.550*	*7.150*	*Passivo total*	*6.550*	*7.150*
Ativo circulante	**2.500**	**2.800**	**Passivo circulante**	**2.100**	**2.600**
Caixa e equivalente caixa	500	800	Obrigações sociais	800	800
Contas a receber	1.200	1.000	Fornecedores	1.000	1.500
Estoques	800	1.000	Empréstimos e financiamentos	300	300
Ativo não circulante	**4.050**	**4.350**	**Passivo não circulante**	**2.400**	**2.500**
Realizável a longo prazo	300	300	Empréstimos e financiamentos	2.400	2.500
Investimentos	500	500	**Patrimônio líquido**	**2.050**	**2.050**
Imobilizado	2.500	2.800	Capital social	1.650	1.650
Intangível	750	750	Lucros acumulados[1]	400	400

---

[1] Pela Lei nº 11.638/2007, a conta de Lucros Acumulados não pode apresentar saldo no encerramento do exercício. Para cálculo do JSCP, consideram-se os lucros acumulados de exercícios anteriores, registrados em reservas patrimoniais da empresa. Assim, apenas a título de simplificação para resolução deste exercício, utiliza-se a nomenclatura de Lucros Acumulados no Balanço Patrimonial.

(Em milhares R$)

Demonstração do Resultado do Exercício 31/12/2017	
Receita Líquida de Vendas	2.000
(–) CMV	(1.000)
(=) Lucro Bruto	1.000
(–) Despesas Desembolsáveis	(500)
(–) Despesas Depreciação	(30)
(=) Lucro antes IR/CSLL	470

Informações adicionais:

- TJLP de 7,15% a.a. em 2017.
- IRRF de 15%.
- IRPJ/CSLL de 34%.
- Política de distribuição de dividendos: 100% do lucro líquido.

Pede-se:

a) Qual o valor dos dividendos distribuídos se não ocorrer pagamento de juros sobre o capital próprio?

b) Qual o valor dos dividendos distribuídos se ocorrer pagamento de juros sobre o capital próprio?

c) Os dividendos distribuídos aos acionistas aumentam ou diminuem quando ocorre o pagamento de juros sobre o capital próprio?

TIPOS DE OFERTA DE AÇÕES

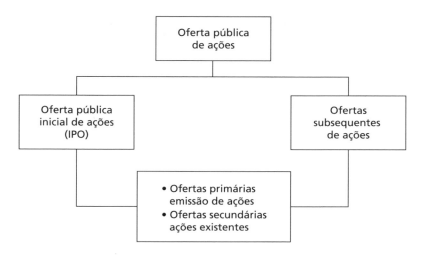

- **Oferta Pública de Ações** – processo de colocação de títulos e valores mobiliários para negociação no mercado.
- **Oferta Pública Inicial de Ações (IPO)** – decorrente da abertura de capital da empresa. É a primeira oferta pública de ações para venda aos investidores.
- **Ofertas Subsequentes de Ações** – são ofertas de ações posteriores à abertura de capital.
- **Ofertas Primárias** – novas ações emitidas pela empresa. Os recursos são direcionados para investimentos em seus negócios.
- **Ofertas Secundárias** – são ofertas de ações existentes, não envolvendo a emissão de novos papéis. Essas ofertas são realizadas pelos sócios atuais ao desejarem vender parte ou o total de suas participações acionárias.

12

MERCADO SECUNDÁRIO DE AÇÕES

O Capítulo 12 está direcionado ao estudo mais completo do mercado secundário de ações, pontuando as características e as diferenças entre as operações à vista, a termo, opções e contrato futuro. Também são estudados os índices de bolsas de valores, o mercado de balcão, os segmentos e as práticas de governança corporativa, investimentos em *private equity* e créditos de carbono.

Compreender as características das operações a termo, opções e contratos futuros, torna-se fundamental para a correta utilização dos mecanismos de *hedge* disponíveis no mercado de capitais.

As práticas de governança corporativa são identificadas como de Nível 1, Nível 2 ou Novo Mercado, dependendo do grau de compromisso assumido pela sociedade, e são usadas para destacar as empresas empenhadas em oferecer um tratamento diferenciado aos acionistas.

1. Considere as seguintes afirmações sobre o mercado secundário de ações:

I. O mercado secundário registra a transferência de propriedade dos títulos e valores mobiliários, o que determina variações diretas sobre os fluxos de recursos das sociedades emitentes.

II. A liquidação das negociações realizadas na bolsa de valores é processada pela Companhia Brasileira de Liquidação e Custódia (CBLC).

III. Entende-se por liquidação financeira a entrega dos papéis (ações) à bolsa de valores pela sociedade corretora, que serão então repassados aos adquirentes dos títulos.

IV. O Sistema Eletrônico de Negociação permite que as sociedades corretoras operem nas bolsas sem a necessidade da presença física de seus representantes.

a) Somente as afirmativas I e II estão corretas.

b) Somente as afirmativas I e IV estão corretas.

c) Somente as afirmativas II e IV estão corretas.

d) Somente as afirmativas I, II e IV estão corretas.

e) Somente as afirmativas II, III e IV estão corretas.

2. São objetivos das bolsas de valores, **exceto**:

a) divulgar de maneira rápida e eficiente os resultados de todas as transações realizadas em seu âmbito.

b) desenvolver um sistema de negociação que proporcione as melhores condições de segurança e liquidez aos títulos negociados.

c) promover liquidação segura e eficiente das várias negociações realizadas em seu ambiente.

d) desenvolver sistema de registro e liquidação das operações realizadas.

e) executar, da maneira mais fidedigna possível, as ordens de compra e venda de ações emitidas pelos seus investidores.

3. Preencha as lacunas a seguir de acordo com os tipos de ordens de compra ou venda do quadro:

- a mercado
- limitada

Cap. 12 • MERCADO SECUNDÁRIO DE AÇÕES / **153**

- casada
- administrada
- discricionária

a) A ordem _____ envolve a realização obrigatória de uma operação de compra e outra de venda, sendo executada somente se as duas transações puderem ser realizadas.

b) Quando o investidor define apenas a quantidade e as características dos papéis para negociação, deixando a execução da ordem de compra e venda a critério da sociedade corretora, temos a chamada ordem _____ .

c) A ordem _____ estabelece um preço mínimo para a venda e um preço máximo para a compra dos papéis, promovendo uma maior garantia de que a negociação não será realizada a um preço pouco atraente.

d) A ordem _____ é dada quando não há nenhuma limitação quanto ao preço de negociação da ação, o que permite uma execução rápida da compra/venda da ação.

e) São identificados na ordem _____ o nome, a quantidade e o preço dos títulos que competem a cada investidor.

4. Assinale VERDADEIRO (V) ou FALSO (F) nas afirmativas a seguir:

a) (   ) No mercado a termo, uma operação pode ser liquidada em qualquer momento antes do vencimento do prazo preestabelecido no contrato.

b) (   ) O preço de um papel no mercado a termo é formado, em essência, por sua cotação no mercado à vista, acrescida de juros decorrentes do período da operação.

c) (   ) Uma das formas de garantia existente nas operações a termo é a chamada cobertura, onde os compradores e vendedores realizam o depósito de um valor monetário na CBLC.

d) (   ) As operações no mercado de opções envolvem negociações de direitos de compra e venda de ações, a um prazo de liquidação e preço preestabelecidos.

e) (   ) Nas negociações a descoberto, ao se verificar uma desvalorização do preço de mercado da ação no período, o investidor (comprador) apurará um prejuízo. Ocorrerá um ganho (lucro) caso haja uma valorização do preço da ação.

5. Com relação às operações a termo, identifique a afirmativa **incorreta**:

a) As operações de compra e venda de ações formalizadas nos contratos a termo estipulam a quantidade de ações, o prazo de liquidação do negócio e um preço previamente acordado.

b) As operações a termo não costumam exigir garantias de pagamento dos investidores.

c) Uma importante vantagem das operações a termo é a possibilidade de o investidor diversificar seu risco. Ele pode adquirir ações de diferentes setores de empresas, evitando os riscos determinados pela concentração.

d) As operações a termo permitem que um investidor adquira uma quantidade de ações acima de sua capacidade financeira disponível no momento da compra.

6. Com relação à B3 – Brasil, Bolsa, Balcão, identifique a afirmativa **incorreta**:

a) Todos os papéis negociados na B3 podem constituir-se em um ativo objeto de um contrato a termo.

b) Os negócios realizados em bolsa de valores representam o mercado secundário de ações.

c) O ambiente reservado para as operações de títulos na bolsa de valores é denominado pregão.

d) Em 2017, foi realizada a fusão entre a BM&FBovespa e a Cetip, empresa atuante no mercado de balcão organizado.

e) A B3, assim como as demais bolsas de valores do mundo, é uma associação civil sem finalidades lucrativas, cujos membros são as sociedades corretoras, únicas instituições habilitadas a efetuar transações com ações.

7. O índice de bolsa de valores permite aos investidores, **exceto**:

a) verificar as variações ocorridas no valor de mercado da carteira de ações negociadas na bolsa de valores, avaliando sua lucratividade.

b) distinguir certos ciclos que caracterizam o funcionamento da economia, formando expectativas com relação a seu comportamento esperado.

c) comparar o comportamento de determinado título com o comportamento registrado pelo mercado.

d) analisar as tendências gerais da economia, por meio do comportamento dos investidores em ações.

e) ter a certeza de um comportamento futuro por meio do valor monetário absoluto do índice.

8. Assinale a afirmativa **correta** com relação a alguns índices de bolsas de valores no mundo:

a) A alta volatilidade do índice Nasdaq é determinada, em grande parte, pela incerteza associada às empresas de tecnologia, com predomínio de internet, que compõem o seu índice.

b) O índice *Dow Jones Industrial* é uma ponderação do valor de mercado da empresa, obtido pela multiplicação do número de ações emitidas por seu valor de negociação e o valor total de mercado da carteira de ações.

c) O Ibovespa é um índice de preços referente a uma carteira teórica composta pelas 100 ações de maior negociação na B3 divulgado desde 1997.

d) O índice NYSE considera uma carteira composta pelas principais ações inscritas na Bolsa de Valores de Nova York, admitida como a mais importante do mundo.

e) O Índice Standard & Poor's 500 (S&P 500) é calculado pela média aritmética das cotações das ações de maior importância na Bolsa de Valores de Nova York.

9. Identifique, em cada definição a seguir, o índice de ações de mercado a que se refere:

- Índice Brasil (IBX)
- New York Stock Exchange (NYSE)
- Índice de Governança Corporativa (IGC)
- Índice da Bolsa de Valores de São Paulo (Ibovespa)
- Índice Dow Jones Industrial (IDJW)
- Índice Standard & Poor's (S&P)

a) O _____ reflete o comportamento das ações mais negociadas no Brasil. É o mais tradicional e importante índice de ações utilizado no mercado de capitais brasileiro.

b) O _____ é um índice de bolsa do mundo (EUA), calculado pela ponderação do valor de mercado da empresa. Com essa metodologia, o índice evita trabalhar com ponderações fixas para a composição de sua carteira.

c) O _____ é referenciado nos preços das 100 ações de maior negociação (número de negócios e volume financeiro) na B3.

d) O _____ mede o retorno de uma carteira teórica de ações de empresas negociadas na B3, que revelam boas práticas de relacionamento com seus *stakeholders*.

e) O _____ revela o retorno de uma carteira composta por todas as ações negociadas na mais importante bolsa de valores dos EUA, representando o próprio índice de mercado.

f) O _____ é reconhecido como o primeiro índice de ações do mundo, desenvolvido em 1824. É o mais tradicional indicador acionário da economia dos EUA.

10. Identifique as características de cada contrato a seguir como: **à vista**, **a termo** e **de opções**.

a) Contratos para liquidação futura e preço previamente acordado entre as partes. O prazo é livremente estabelecido entre os investidores, devendo situar-se entre o mínimo de 16 dias e o máximo de 999 dias.

b) Contrato que atribui ao comprador, por meio de um pagamento parcial, o direito de adquirir ou vender uma ação a um preço preestabelecido.

c) Os preços dos ativos objetos das negociações são formados no mercado, pelas forças de oferta e procura de cada título.

11. Assinale a alternativa **incorreta**:

a) O Novo Mercado é um segmento especial da B3, do qual pode participar toda companhia aberta que demonstra boas práticas de Governança Corporativa. No Novo Mercado são negociadas ações ordinárias e preferenciais, obedecidos os limites da legislação societária (máximo de 50% de ações preferenciais).

Cap. 12 • MERCADO SECUNDÁRIO DE AÇÕES / **157**

b) Fundos de pensão, companhias de seguros e capitalização, fundos de investimentos e sociedades de previdência complementar, são exemplos de investidores institucionais que atuam no mercado secundário.

c) Uma importante diferença entre o mercado à vista e o mercado a termo está no grau de alavancagem que se pode assumir nas operações. No mercado a termo é possível adquirir, com o mesmo capital, muito mais ações que no mercado à vista, assumindo o investidor, pela maior alavancagem, maior risco.

d) O valor de um direito de comprar ou vender determinado ativo-objeto, denominado preço da opção, é formado pelo mercado; ao contrário, o preço de exercício de compra ou venda do ativo é estabelecido pela bolsa de valores.

12. Assinale a alternativa que relaciona **corretamente** os níveis de governança corporativa com as práticas que devem ser adotadas pelas empresas:

A. Nível 1 de governança corporativa.

B. Nível 2 de governança corporativa.

C. Novo Mercado.

I.   Divulgação de balanço anual de acordo com as normas do US GAAP ou IASC GAAP.

II.   Realização de ofertas públicas de colocação de ações usando mecanismos que facilitem a dispersão do capital.

III.   Negociação somente de ações ordinárias.

IV.   Extensão para todos os acionistas detentores de ações ordinárias das mesmas condições obtidas pelos controladores, quando da venda do controle da companhia.

V.   Manutenção de ações em circulação no mercado em quantidade equivalente a, pelo menos, 25% de todo o capital social da sociedade.

a) I-A; II-B; III-C; IV-B; V-A.

b) I-B; II-A; III-C; IV-B; V-A.

c) I-B; II-A; III-B; IV-C; V-A.

d) I-A; II-B; III-C; IV-A; V-B.

e) I-C; II-A; III-C; IV-B; V-A.

13. Assinale a afirmativa **incorreta** com relação à Câmara de Arbitragem do Mercado (CAM):

a) Foi criada pela bolsa com o objetivo de solucionar controvérsias relacionadas com os participantes do mercado de capitais.

b) A arbitragem ordinária é recomendada para questões mais complexas, e prevê um tribunal arbitral composto por três árbitros.

c) Para solução de conflitos mais simples é utilizada a arbitragem sumária, que será conduzida por apenas um árbitro.

d) Caso o conflito não seja solucionado na CAM, as partes têm o direito de recorrer ao Poder Judiciário.

e) É composta de árbitros de reputação ilibada e profundo conhecimento sobre o mercado de capitais, que atuarão como juízes nas arbitragens.

14. Identifique o tipo de negociação de ações (compra ou venda) em cada descrição a seguir:

A. A mercado

B. Limitada

C. Casada

D. Administrada

E. Discricionária

F. De financiamento

a) (   ) Compra de ação com recursos provenientes de uma ordem inversa.

b) (   ) Negociação que especifica a quantidade e as características das ações, ficando a execução da ordem sob a responsabilidade da sociedade corretora.

c) (   ) Executa a ordem de imediato e pelo melhor preço.

d) (   ) Ordem que estabelece um preço máximo para a compra, ou um preço mínimo para a venda.

e) (   ) Ordem para adquirir ações em determinado mercado e vender em outro, com vencimento diferente. Por exemplo, adquirir uma ação no mercado à vista da B3 e, de forma simultânea, vender no mercado a termo.

f) (   ) Ordem executada de acordo com condições especificadas por um gestor de recursos de terceiros.

15. As *clearings* são instituições (câmaras) que fornecem serviços de compensação e liquidação de operações realizadas em bolsas de valores e em outros mercados organizados. A B3 mantém quatro *clearings*. Relacione cada uma delas com as suas características:

Câmara de ações (A)

Clearing de derivativos (D)

Clearing de câmbio (C)

Clearing de ativos (AT)

a) (   ) Tem por objetivo principal realizar liquidação e atuar nas operações de títulos públicos federais.

b) (   ) Concebida em 1986 a partir do funcionamento da Bolsa de Mercadorias e Futuros (BM&F).

c) (   ) Antiga Companhia Brasileira de Liquidação e Custódia (CBLC).

d) (   ) Formada pela BM&F e passou a funcionar junto com o Sistema Brasileiro de Pagamentos (SBP) em 2002.

16. **Não** representa uma vantagem para uma operação de compra de ações a termo:

a) Ganhos futuros, já que um investidor é atraído a adquirir a termo sempre que previr uma alta em seu preço de mercado.

b) Maximizar receitas, pois, desejando vender uma ação, e não tendo necessidade imediata de recursos, o investidor pode optar pela operação a termo que lhe proporciona uma receita maior.

c) Alavancagem, dado que as operações no mercado a termo possibilitam a um investidor a compra de uma quantidade de ações acima de sua capacidade financeira à vista naquele momento, oferecendo possibilidades de apurar um maior retorno em caso de valorização dos papéis.

d) Financiamento, tendo em vista que uma alternativa de fazer caixa para um investidor é vender suas ações no mercado à vista e adquirir, simultaneamente, o mesmo papel a termo.

e) Diversificação do risco, pois, em operações a termo, o investidor pode diversificar suas aplicações adquirindo diversas ações de diferentes segmentos empresariais.

17. Admita dois investidores dispostos a realizarem um negócio a termo com ações. No mercado à vista o papel está cotado a $ 10,00. O preço acertado para liquidação da operação em certa data futura é de $ 12,80. Assinale VERDADEIRO (V) ou FALSO (F) nas afirmativas a seguir:

a) ( ) Se no vencimento da operação a ação à vista estiver cotada acima de $ 12,80, valor pago na operação a termo, o investidor (comprador) aufere um ganho.

b) ( ) Se no vencimento da operação o preço à vista for inferior a $ 12,80, o investidor apura um ganho medido pela diferença entre o preço no mercado à vista e o valor pago pela ação na liquidação a termo.

c) ( ) No vencimento da operação, o vendedor a termo pode aceitar ou não o preço ajustado no contrato estabelecido, antes de entregar fisicamente o ativo-objeto da operação ao comprador.

d) ( ) O vendedor tem uma expectativa de redução do preço de mercado da ação negociada. Aceitou vender por $ 12,80 supondo que a ação fosse cair no futuro, atingindo um valor inferior ao fixado no contrato a termo.

e) ( ) O comprador está apostando na baixa do preço da ação. Espera realizar um ganho na expectativa de que seu preço de mercado supere o valor pago de $ 12,80.

18. Admita que um índice de bolsa seja composto de somente quatro ações: A, B, C e D, cujas participações na carteira estão definidas em, respectivamente, 160.000, 120.000, 140.000 e 110.000 ações. O quadro a seguir descreve o valor das ações ao final de dois pregões consecutivos:

Ação	Participação na carteira	Preço 1º pregão	P × Q	Preço 2º pregão	P × Q
A	160.000 ações	2,80			480.000
B	120.000 ações		444.000	3,50	
C	140.000 ações	6,10			840.000
D		3,90	429.000	3,90	429.000
		Pontos	**2.175.000**	**Pontos**	

Pede-se completar o quadro e apurar a variação do índice de bolsa.

19. Assinale a alternativa **incorreta** acerca do Índice de Sustentabilidade Empresarial (ISE):

a) Lançado pela Bolsa de Valores de São Paulo, ao final de 2005, segue uma tendência mundial de oferecer um indicador de desempenho de empresas rentáveis, sustentáveis e que apresentem ainda responsabilidade social e boas práticas de governança corporativa.

b) O ISE é apurado em tempo real pela bolsa e disponibilizado ao longo de seus pregões.

c) Por meio de ferramental estatístico é desenvolvida uma análise, de forma integrada, do desempenho econômico-financeiro, ambiental e social e critérios de governança corporativa das ações mais negociadas na bolsa de valores.

d) A carteira do ISE é composta aproximadamente por 40 ações de empresas, sendo ponderadas suas participações na carteira pelos seus respectivos valores de mercado.

e) Índice de mercado formado por empresas constantes do IBrX-50, que revelam práticas de boa transparência em relação à emissão de gases efeito estufa, além de manter um *free float* total.

20. Considere os segmentos de governança corporativa *Bovespa Mais* e *Tradicional* para assinalar a alternativa **incorreta**:

a) Empresas classificadas no segmento Bovespa Mais só podem negociar ações ordinárias, enquanto no segmento Tradicional são negociadas pelas empresas ações ordinárias e preferenciais.

b) O *tag along* concedido para ações ordinárias deve ser de 100% para empresas do Bovespa Mais e de 80% para empresas do Tradicional.

c) Tanto para empresas classificadas no segmento Bovespa Mais, quanto para empresas do segmento Tradicional, o Conselho de Administração deve ser composto por pelo menos 3 membros.

d) A adesão à Câmara de Arbitragem de Mercado é facultativa para empresas do Bovespa Mais e obrigatória para empresas do Tradicional.

e) O *free float* é de 25% até o 7º ano de listagem para empresas do Bovespa Mais. Para empresas do Tradicional não existem regras sobre o *free float*.

21. Os investimentos de *private equity*, ao mesmo tempo que buscam oportunidades atraentes de alocação de capital, constituem-se em importantes alternativas de financiamento do crescimento das empresas, principalmente aquelas localizadas em economias emergentes. Assinale a alternativa **incorreta**:

a) A empresa escolhida tem seu capital muito diluído, sendo normalmente controlada por um grande grupo de investidores (acionistas).

b) Os investidores de *private equity* posicionam-se como coproprietários da sociedade, compartilhando o controle acionário com os empreendedores.

c) Os investidores de *private equity* costumam elaborar um estudo de viabilidade econômica para a empresa selecionada, definindo um tempo limitado de permanência do investimento.

d) Os investidores assumem riscos nas decisões tomadas, almejando como prêmio uma atraente valorização do capital investido.

e) Em geral, a empresa selecionada apresenta certas limitações de acesso ao mercado acionário, seja por liquidez, porte, entre outras, o que impede sua capitalização e crescimento sustentado.

22. Em determinado ano, por conta de condições climáticas favoráveis que proporcionam um aumento da oferta, um produtor tem a expectativa de que os preços no mercado de soja estejam muito baixos, quando for colher e vender sua safra. Com o objetivo de travar um preço de venda razoável, que possibilite cobrir seus custos e gerar uma margem de lucro mínima, negocia um contrato a termo com um comprador que tem a expectativa de que os preços subam, porque ouviu rumores de que parte das regiões produtoras está em crise. As condições de negociação são as seguintes:

- Preço da saca: $ 73,00
- Quantidade de sacas: 500
- Data de liquidação: 120 dias

Desconsiderando-se os custos relativos à prestação de margens de garantia pelo comprador e pelo vendedor, e demais custos de transação envolvidos, responda:

a) Se, na data de vencimento do contrato, o preço à vista da saca estiver em $ 70, qual será o resultado da operação para o produtor?

b) Se, na data de vencimento do contrato, o preço à vista da saca estiver em $ 75, qual será o resultado da operação para o produtor?

23. O boi gordo,[1] atualmente, é uma das principais *commodities* do Brasil, já que o país é um dos maiores exportadores de carne bovina do mundo. Com o intuito de evitar as oscilações dos preços, o participante desse mercado pode determinar o preço do boi antecipadamente, por meio de contratos futuros. Acerca desses contratos, assinale a alternativa **incorreta**:

a) Protegem o produtor contra oscilações indesejadas de preço, pois podem ser caracterizados como um mecanismo de *hedge*.

b) Possibilitam operações com derivativos de milho devido à alta correlação, uma vez que essa *commodity* é utilizada como insumo no desenvolvimento de bois magros.

c) Podem ser utilizados pelos participantes do mercado, como o produtor, empresas de corte, *tradings*, entre outros.

d) A maior parte dos investidores em contratos dessa natureza é composta por investidores institucionais.

e) Balizam a tomada de decisão do tipo de produção entre confinamento e semiconfinamento, além de auxiliarem o pecuarista a administrar com eficiência os riscos de reposição inadequada do gado após a safra.

24. O contrato futuro de dólar dos Estados Unidos da América[2] pode servir para proteção ou especulação sobre o preço da moeda em data futura. Acerca desses contratos, assinale a alternativa **incorreta**:

a) Possibilitam alavancagem de posição.

b) Investidores que tenham recebíveis em dólares dos Estados Unidos da América podem utilizar contratos futuros de dólar para *hedge*.

c) Investidores que tenham exposição para pagamentos de passivos em dólar em datas futuras podem utilizar contratos futuros para *hedge*.

d) Permitem negociar sobre a tendência da moeda no futuro e assim auferir lucro.

e) Negociações de contratos futuros de dólar não podem ser realizadas eletronicamente.

---

1 Mais informações disponíveis em: http://www.bmfbovespa.com.br. Acesso em: 9 jan. 2019.

2 Mais informações disponíveis em: http://www.bmfbovespa.com.br. Acesso em: 9 jan. 2019.

25. Relacione os agentes a seguir com as vantagens que a bolsa de valores pode oferecer:

Empresas (E)

Investidores (I)

a) (   ) Pode comprar ou vender suas ações no momento em que desejar.

b) (   ) Recebe dividendos periodicamente.

c) (   ) Apresenta diferencial competitivo, tendo em vista a transparência e a confiabilidade necessárias nas suas informações básicas fornecidas ao mercado.

d) (   ) Participar do mercado de capitais pode solucionar diversos problemas relativos a processos sucessórios, heranças e estratégias empresariais.

e) (   ) É possível emprestar suas ações e ganhar um rendimento extra.

ÍNDICES DE AÇÕES NO BRASIL

Índices Amplos de Mercado	• Índice Bovespa • IBrX – 50 – Índice Brasil 50 • IBrX – Índice Brasil de Ações • IBrA – Índice Brasil Amplo • MLCX – Índice *Mid – Large Cap* • SMLL – Índice *Small Caps* • IVBX – 2 – Índice Valor Bovespa • IDIV – Índice de Dividendos
Índices Setoriais	• IEE – Índice de Energia Elétrica • ITEL – Índice Setorial de Telecomunicações • INDX – Índice do Setor Industrial • ICON – Índice de Consumo • IMOB – Índice Imobiliário • IFNC – Índice Financeiro • IMAT – Índice de Materiais Básicos • UTIL – Índice de Utilidade Pública
Índices de Sustentabilidade	• ISE – Índice de Sustentabilidade Empresarial • ICO2 – Índice de Carbono Eficiente
Índices de Governança	IGC – Índice de Ações com Governança Corporativa Diferenciada ITAG – Índice de Ações com *Tag Along* Diferenciado

13

AVALIAÇÃO DE AÇÕES

O Capítulo 13 estuda a metodologia de avaliação de ações com base em suas expectativas de rendimentos. São abordados os critérios de análise econômica, os principais indicadores financeiros e o modelo básico do fluxo de caixa descontado.

Dentre os principais indicadores de análise de ações estão o Lucro por Ação (LPA), *Payout*, *Dividend Yield*, Preço/Lucro (P/L), *Price to Book* e Q de Tobin.

Por fim, o preço justo (*target price*) de uma empresa equivale ao valor presente de um fluxo futuro de benefícios de caixa prometidos pelo papel, descontado a uma taxa de juros que reflita adequadamente o risco do investimento. Esse fluxo de benefícios considera as receitas, custos e despesas, e todas as necessidades de investimentos para manter sua competitividade.

1. Na decisão de investimento em determinada ação deverá(ão) ser considerado(s) com **menor relevância**:

a) riscos do investimento.

b) expectativa de valorização futura.

c) avaliação do retorno esperado.

d) parâmetros esperados de oferta e procura do título.

e) evolução passada da carteira de mercado.

2. São características da análise técnica (ou gráfica) de avaliação de ações:

a) a consideração de variáveis internas e externas à empresa.

b) a hipótese da existência de um valor intrínseco para cada ação, baseado nos resultados apurados pela empresa emitente.

c) a utilização de projeções baseadas no comportamento passado da ação.

d) o uso de sofisticadas avaliações e comparações setoriais, bursáteis e conjunturais.

e) o estudo do desempenho econômico e financeiro da sociedade emitente.

3. A técnica fundamentalista de análise de ações considera que:

a) variáveis internas e externas da companhia podem afetar o valor intrínseco das ações.

b) o desempenho passado da ação exerce influência na sua valorização futura.

c) a conjuntura econômica não tem nenhuma influência na variação do valor da ação.

d) as variações nos preços das ações guardam uma relação entre si.

4. O índice Lucro por Ação (LPA):

a) é calculado pela relação entre o preço de aquisição da ação e seu lucro unitário periódico.

b) relaciona os dividendos distribuídos pela empresa com alguma medida que ressalte a participação relativa desses rendimentos.

c) indica a remuneração do acionista realizada sobre o capital investido.

d) mostra quanto do resultado líquido após o IR compete a cada ação emitida.

e) representa o retorno sobre o capital investido pelos acionistas.

5. O índice *Dividend Yield* é mensurado pela seguinte expressão:

a) Dividendos ÷ LPA.

b) Dividendos ÷ Preço de Mercado da Ação.

c) Lucro Líquido ÷ Número de Ações Emitidas.

d) Preço de Mercado da Ação ÷ Lucro por Ação.

e) Dividendos ÷ Número de Ações Emitidas.

6. O índice de *Payout* revela:

a) a parcela do lucro líquido pertencente a cada acionista.

b) a evolução da cotação de mercado da ação.

c) quanto o acionista recebeu em relação ao valor pago pela ação.

d) a relação entre o valor do investimento efetuado na ação e o seu lucro ofe-recido.

e) parcela do lucro líquido distribuída aos acionistas.

7. Sobre o Índice Preço/Lucro (P/L), **não** podemos afirmar que:

a) Trata-se de um dos indicadores mais utilizados na avaliação dos preços de mercado das ações, devido a sua simplicidade.

b) Não revela, do ponto de vista financeiro, o tempo que um investidor tardaria em recuperar o capital investido.

c) Mostra a parcela do lucro líquido pertencente a cada ação.

d) Uma ação com P/L igual a 8, revela um índice de lucratividade de 12,5%.

e) Ações que prometem grande crescimento possuem baixos índices de P/L.

8. Assinale VERDADEIRO (V) ou FALSO (F) nas afirmativas a seguir:

a) ( ) O patrimônio líquido a preços de mercado é obtido pela correção monetária do capital social e reserva de lucros de uma empresa.

b) ( ) O Ebitda é o lucro de uma empresa após o pagamento dos juros, do Imposto de Renda, e antes das despesas de depreciação/amortização/exaustão.

c) ( ) O valor de uma empresa é calculado pelo valor do patrimônio líquido a preços de mercado mais o montante de suas dívidas.

d) (   ) O Ebitda é entendido como uma medida de geração operacional de caixa – geração interna de caixa – disponível para todos os proprietários de capital (acionistas e credores).

e) (   ) Uma empresa agrega valor a seus acionistas quando é capaz de produzir um retorno acima do exigido pelo mercado.

9. Considere as seguintes afirmações sobre o índice Q de Tobin:

I.   Revela o potencial de valorização da empresa, indicando a riqueza agregada pelo mercado como reflexo do seu poder de gerar lucros.

II. É obtido pela diferença entre o valor de mercado de uma empresa e o valor de reposição de seus ativos.

III. Um Q de Tobin maior que 1,0 indica que a empresa agregou *goodwill* ao seu valor.

IV. A metodologia do MVA (*market value added*) e o Q de Tobin demonstram igualmente a geração/destruição de riqueza em valores absolutos de uma empresa.

a) As afirmativas I, II e III estão corretas.

b) As afirmativas I, III e IV estão corretas.

c) Apenas as afirmativas I e II estão corretas.

d) Apenas as afirmativas I e III estão corretas.

e) Todas as afirmativas estão corretas.

10. Assinale a afirmativa **correta**:

a) O valor de uma ação é definido pela atualização a valor presente dos benefícios (dividendos) pagos no passado.

b) Ao adquirir uma ação, o investidor deve se atentar unicamente aos dividendos prometidos.

c) O modelo de avaliação de ações leva em consideração o fluxo de lucros por ação da companhia emitente.

d) Na identidade de avaliação de uma ação, a taxa de desconto (*K*) representa unicamente o prêmio pelo risco que o investidor exige ao decidir aplicar em determinada ação.

Cap. 13 · AVALIAÇÃO DE AÇÕES **169**

e) A remuneração mínima exigida pelos acionistas constitui-se, em última análise, no custo do capital próprio de uma empresa.

11. Assinale a afirmativa **incorreta**:

a) Empresas que se encontram em fase de expansão de seus negócios, costumam reduzir o montante dos dividendos distribuídos.

b) O preço ae mercado de uma ação é dependente do que outro investidor esteja disposto a pagar no futuro.

c) Uma política de aumento da taxa de reinvestimento dos lucros na empresa, com retorno esperado acima da taxa de retorno exigida, determina uma elevação no valor teórico de uma ação.

d) Empresas que normalmente apresentam baixo índice de *payout*, devem promover maior valorização das ações (ganhos de capital), como forma de compensar o menor fluxo de pagamentos.

e) Quanto maior for a distribuição de dividendos, maior se apresenta a taxa esperada de crescimento dos lucros da empresa.

12. A fórmula de Gordon permite:

a) avaliar uma ação com crescimento perpétuo.

b) relacionar o valor de mercado de uma empresa com o valor de reposição de seus ativos.

c) indicar a taxa de valorização de uma ação.

d) indicar a remuneração do acionista realizada sobre o capital investido.

e) saber os dividendos distribuídos aos acionistas em relação ao lucro por ação.

13. Na formulação de Gordon, considerando P o valor presente da ação, D o valor esperado do dividendo, K a taxa de retorno exigida pelo investidor, e G a taxa de crescimento do dividendo, temos:

a) para K e G constantes, quanto maior D, menor P.

b) para K e D constantes, quanto maior G, menor P.

c) para G e D constantes, quanto maior K, maior P.

d) para D e K constantes, quanto maior G, maior P.

e) quanto maior G, maior P independente de K e D.

14. Assinale VERDADEIRO (V) ou FALSO (F) nas afirmativas a seguir:

a) ( ) Uma hipótese implícita no modelo de Gordon é a de que a taxa de crescimento do dividendo deve sempre ser inferior à taxa de retorno exigida pelo investidor da ação.

b) ( ) A premissa de que o valor de uma ação é dependente dos seus fluxos de rendimentos futuros esperados é válida somente para o prazo em que o investidor permanecer com determinado título.

c) ( ) Quando uma empresa decide não pagar dividendos, sua ação, obrigatoriamente, é desvalorizada no mercado.

d) ( ) No modelo de crescimento de Gordon, à medida que a taxa de crescimento do dividendo for se aproximando da taxa de retorno exigida pelo investidor, o valor da ação vai convergindo ao infinito.

e) ( ) Ao investir uma parcela do lucro a uma taxa de retorno superior à remuneração exigida pelo investidor, a empresa estará gerando riqueza a seus acionistas.

15. Com relação ao preço justo (*target price*) de uma ação, é **incorreto** afirmar que:

a) Equivale ao valor presente de um fluxo futuro de benefícios de caixa esperados.

b) No cálculo do *target price*, os benefícios esperados de caixa são trazidos a valor presente mediante uma taxa de desconto que reflete a remuneração mínima exigida pelos investidores.

c) Os fluxos futuros utilizados na formulação de cálculo do *target price* devem considerar os cenários econômicos e o comportamento esperado do mercado.

d) O preço justo de uma ação é obtido pela divisão do patrimônio líquido da empresa, a preços de mercado, pela quantidade de ações emitidas.

e) Se o preço justo de determinada ação for inferior ao seu preço de negociação no mercado, é interessante a sua compra.

16. Uma empresa apurou ao final de determinado exercício um lucro líquido de $ 620.000,00. A ação da empresa encontra-se cotada no mercado à vista por $ 3,50. Para um índice de *payout* de 35% e 400.000 ações emitidas, pede-se calcular o índice *dividend yield*.

17. Uma ação foi adquirida no início de determinado ano por $ 3,20, sendo vendida por $ 3,45 ao final daquele mesmo ano. Calcule a taxa de retorno dessa ação, sabendo que o investidor recebeu dividendos de $ 0,28/ação ao final do ano.

18. Os dividendos projetados para uma empresa são de $ 0,40 ao final de um ano, e nos dois anos seguintes espera-se um crescimento de 10% ao ano. Admitindo que um investidor deseja auferir um retorno anual de 22%, e que o valor de venda da ação previsto para o final de três anos seja de $ 5,30, calcule o preço máximo que o investidor pagaria hoje pela ação.

19. Um investidor adquiriu uma determinada ação pelo valor de $ 5,40. Sabendo que a empresa emitente pretende pagar dividendos de $ 0,65, $ 0,72 e $ 0,76 em cada um dos próximos três anos, e que o valor de venda previsto da ação ao final do terceiro ano seja de $ 5,80, responda se o investidor subavaliou ou superavaliou o valor da ação, dado que a sua rentabilidade mínima exigida é de 16% ao ano.

20. Determine o valor teórico de uma ação que prevê distribuição de dividendos de $ 0,30 por ação, indefinidamente, sabendo que os investidores exigem 18% ao ano de rentabilidade mínima.

21. Investidores de determinada ação, que prevê distribuição de dividendos de $ 0,30 por ação, indefinidamente, exigem 18% ao ano de rentabilidade mínima. Calcule o preço teórico considerando que os analistas de mercado estejam prevendo um crescimento estável dos dividendos dessa empresa, a partir do próximo ano, de 4,5% ao ano.

22. Determine qual deverá ser a taxa de crescimento de uma determinada ação para que o seu valor corrente de mercado de $ 2,40 seja justificado. Sabe-se que ela paga um fluxo corrente de $ 0,60 de dividendos, e que a taxa requerida de retorno é de 18% ao ano.

23. Uma empresa apurou, no final de determinado ano, um lucro por ação de $ 1,50 e decidiu distribuir 40% do seu resultado. Sabendo que a taxa de retorno exigida pelos investidores é de 18% ao ano, e que a empresa possui um retorno padrão sobre seu patrimônio líquido de 16% ao ano, calcule o quanto a empresa destruirá valor do acionista.

24. Uma ação tem seu preço de mercado fixado atualmente em $ 3,20. A taxa de atratividade dos investidores para esse papel é de 12% ao ano. Calcule a taxa de crescimento dos dividendos para que o valor de mercado dessa ação permaneça estável em $ 3,20. Os dividendos atuais são de $ 0,30/ação.

25. Uma empresa apura um LPA (lucro por ação) de $ 1,20 em determinado exercício, sendo 30% desse valor distribuído como dividendos. Os acionistas vêm auferindo um retorno de 15% ao ano sobre o capital aplicado. Pede-se determinar a taxa de crescimento do LPA.

26. Complete o quadro a seguir com o crescimento de resultados para os anos seguintes, admitindo uma taxa de retorno sobre o patrimônio líquido (ROE) igual a 17% ao ano. O *payout* é de 25%.

	Ano 1	Ano 2	Ano 3	Ano 4	Ano 5
Lucro Líquido	$ 9.200				
Reinvestimento					
Dividendos					

27. Relacione os dois enfoques de análise utilizados no processo de cálculo do valor justo da ação às suas respectivas características:

Top Down (T)

Bottom Up (B)

a) (   ) Admite que a avaliação tem como referência o cenário econômico, devendo o valor de uma ação no mercado refletir o comportamento das principais variáveis macroeconômicas.

b) (   ) A análise é focada nos fundamentos da empresa, seu desempenho histórico e perspectivas futuras de crescimento e resultados.

c) (   ) A análise parte do geral para entender o específico.

d) (   ) A análise se inicia pela construção de cenários econômicos como projeção do PIB, inflação, taxas de juros etc., e a partir desses resultados

Cap. 13 • AVALIAÇÃO DE AÇÕES / **173**

são desenhados o desempenho esperado dos diversos setores e as empresas mais diretamente atingidas.

e) ( ) Está voltada para identificar o valor da ação da empresa a partir de seu confronto com o mercado, sendo a análise direcionada pelos fundamentos da empresa até o ambiente macroeconômico.

28. Considere as seguintes informações acerca de determinada companhia aberta:

- Ano 1: valor de mercado das ações R$ 12.500.000.
- Ano 1: valor contábil do PL R$ 10.250.000.
- Ano 2: valor de mercado das ações R$ 12.500.000.
- Ano 2: valor contábil do PL R$ 13.000.000.

Pede-se:

a) Calcule o indicador *price to book* para os anos 1 e 2.

b) A variação percentual do indicador *price to book*.

c) O mercado aceita pagar pela ação um preço acima do seu valor contábil nos anos 1 e 2?

29. Um investidor está avaliando uma ação cujos dividendos esperados são de $ 0,65/ação indeterminadamente. Pede-se:

a) Determine o preço máximo que o investidor pagaria por esta ação, sabendo-se que a taxa de retorno exigida é de 12,5% ao ano.

b) Se essa ação estiver sendo negociada no mercado à vista por $ 3,80, o investimento é aconselhável?

30. Um investidor adquiriu 50 ações hoje e pretende vendê-las daqui a 2 anos. Informações adicionais acerca da operação são apresentadas a seguir:

- O preço da ação hoje no mercado à vista é de R$ 12,50.
- Taxas na compra: R$ 83.
- Taxa de custódia: R$ 15 por mês.
- Taxas na venda: R$ 83,25.

Qual deverá ser o retorno dessa ação para, pelo menos, cobrir todos os custos incorridos?

INDICADORES DE ANÁLISE DE AÇÕES

Lucro por Ação (LPA)	Ilustra o benefício (lucro) auferido por ação emitida pela empresa, ou seja, do resultado líquido (após o imposto de renda) obtido em determinado período, quanto compete a cada ação emitida.	$LPA = \dfrac{\text{Lucro Líquido}}{\text{Número de Ações Emitidas}}$
Payout	Indica os dividendos distribuídos aos acionistas como uma porcentagem do Lucro por Ação (LPA).	$Payout = \dfrac{\text{Dividendos}}{\text{LPA}}$
Dividend Yield	Indica a remuneração por dividendos do acionista realizada sobre o capital investido.	$Dividend\ Yield = \dfrac{\text{Dividendos}}{\text{Preço de Mercado da Ação}}$
Preço/Lucro (P/L)	Indica o número de anos (exercícios) que um investidor tardaria em recuperar o capital investido.	$P/L = \dfrac{\text{Preço de Mercado da Ação}}{\text{Lucro por Ação (IPA)}}$
Price to Book	Indica em quanto o mercado avalia o Patrimônio Líquido da empresa em comparação ao seu valor contábil (patrimonial).	$Price\ to\ Book = \dfrac{\text{Valor de Mercado das Ações}}{\text{Valor Contábil PL}}$
Q de Tobin	Revelador do potencial de valorização da empresa, indicando a riqueza agregada pelo mercado como reflexo de seu poder de gerar lucros.	$Q\ de\ Tobin = \dfrac{\text{Valor de Mercado da empresa}}{\text{Valor de reposição dos ativos}}$

14

RISCO, RETORNO E MERCADO

O Capítulo 14 propõe o estudo do risco, por meio das técnicas de mensuração e análise aplicadas às decisões tomadas no âmbito do mercado financeiro.

No contexto de mercado de baixa eficiência, a preocupação principal está em avaliar se os modelos financeiros produzem resultados mais significativos. Os investidores atuam procurando tirar proveito econômico dos desvios temporários dos preços de certos ativos, na expectativa de seus valores voltarem a sua posição de equilíbrio. O ajuste dos preços a cada nova informação introduzida no mercado é dependente da capacidade de interpretação e amplitude de sua divulgação entre os participantes.

Assim, contar com medidas do retorno e do risco esperados, tanto para ativos quanto para carteiras de ativos, torna-se essencial para a eficiência do processo de tomada de decisões nesse mercado.

1. Com relação ao risco, é **incorreto** afirmar que:

a) revela uma possibilidade de perda.

b) pode ser representado pelo desvio-padrão (dispersão dos resultados em relação à média).

c) relaciona-se fundamentalmente com decisões voltadas para o futuro.

d) é entendido pela capacidade de se mensurar a incerteza de ocorrência de determinados resultados ou valores.

e) pode ser reduzido em investimentos que apresentam correlações positivas.

2. No contexto de um mercado financeiro eficiente:

a) os preços dos ativos transacionados devem ser permanentemente perfeitos, ou seja, exatamente iguais aos seus valores reais.

b) os preços praticados pelos agentes não sofrem influência direta do ambiente conjuntural da economia, e da situação das empresas emitentes de títulos.

c) os desvios dos valores dos ativos negociados devem ser aleatórios, apresentando igual probabilidade de sub ou supervalorização.

d) investidores profissionais são capazes de identificar ativos com preços em desequilíbrio.

e) em mercados eficientes, o valor de um ativo é o seu custo histórico corrigido pela inflação.

3. Sobre as hipóteses do mercado eficiente, assinale a afirmativa **incorreta**:

a) As expectativas dos investidores com relação ao desempenho futuro do mercado são homogêneas.

b) Todos os agentes do mercado têm acesso equivalente às fontes de crédito.

c) Os ativos objetos do mercado são perfeitamente divisíveis e negociados sem restrições.

d) Informações privilegiadas e mais rápidas oferecem oportunidades de maiores ganhos.

e) Nenhum investidor sozinho consegue influenciar os preços de negociação dos títulos segundo suas expectativas.

4. Assinale a alternativa que **não** apresenta uma característica que torna o mercado acionário mais eficiente que os demais mercados:

a) Elevado número de participantes que se encontram envolvidos com ações.

b) Presença de ações com preços em desequilíbrio.

c) Maior disseminação das informações das empresas.

d) Rapidez com que as ordens de compra e venda são executadas.

e) Ajustes mais rápidos dos valores de mercado das ações por meio das análises das demonstrações financeiras realizadas por especialistas.

5. Assinale VERDADEIRO (V) ou FALSO (F) nas afirmativas a seguir:

a) (   ) Uma das causas determinantes do risco financeiro de uma empresa origina-se da natureza conjuntural da economia.

b) (   ) O risco sistemático pode ser diminuído por meio da diversificação da carteira de ativos.

c) (   ) O risco de insolvência de uma empresa junto aos seus credores está relacionado com o seu risco econômico.

d) (   ) O risco não sistemático é identificado nas características do próprio ativo, não se estendendo aos demais ativos da carteira.

e) (   ) A estratégia de diversificação de investimentos, por mais bem elaborada que seja, consegue reduzir o risco da carteira de ativos, sem, contudo, conseguir eliminá-lo.

6. Considere as seguintes afirmativas com relação à mensuração do risco:

I.   A probabilidade objetiva pode ser definida a partir de séries históricas de dados e informações passadas.

II. A probabilidade subjetiva visa eliminar da análise probabilística eventos baseados na intuição ou crenças da unidade tomadora de decisão.

III. Quanto maior o grau de dispersão dos valores em relação à média da distribuição, mais alta a expectativa de risco do ativo.

IV. Um ativo de menor risco, necessariamente incorre em um menor retorno para o investidor.

a) Somente as afirmativas I e II estão corretas.

b) Somente as afirmativas I e III estão corretas.

c) Somente as afirmativas II e III estão corretas.

d) Somente as afirmativas I e IV estão corretas.

e) Somente as afirmativas III e IV estão corretas.

7. A teoria da preferência:

a) tem por objetivo revelar como um investidor se posiciona diante de investimentos com diferentes combinações de risco e retorno.

b) mostra que a maioria dos investidores tem as mesmas preferências pela maximização do retorno do investimento.

c) afirma que existe uma preferência do mercado em minimizar o risco de diversos investimentos.

d) visa explicar as preferências dos investidores por ativos de menor desvio--padrão.

e) explica porque a dispersão dos ativos em relação a sua média é a medida preferida de risco adotada pelos investidores.

8. A relação risco/retorno para um investidor:

a) é impessoal e varia de acordo com a modalidade de investimento.

b) somente é atendida por uma única alternativa de investimento.

c) é afetada pela preferência do investidor com relação a um determinado nível de consumo atual ou maior no futuro.

d) é definida de forma objetiva e não possui relação com satisfação do investidor em consumir determinado bem.

e) pode ser desconsiderada nas decisões de investimento.

9. Com relação à curva de indiferença do investidor, **não** podemos afirmar que:

a) representa a escala de preferência do investidor com relação ao risco e ao retorno desejados.

b) é um enfoque comparativo que permite visualizar as preferências do investidor diante do objetivo de maximização da satisfação de suas expectativas de risco e retorno.

c) reflete a decisão racional do investidor de selecionar ativos que apresentam o menor risco e o maior retorno esperado.

d) qualquer combinação inserida a seguir da curva de indiferença é desejável, pois satisfaz o nível de risco e retorno requerido pelo investidor.

e) envolve inúmeras combinações desejáveis de risco e retorno produzidos pela decisão de investimento.

10. Considere as características dos ativos a seguir. Identifique a conclusão **correta**.

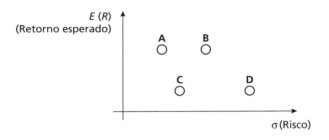

a) O ativo B é preferível ao ativo A.

b) O ativo D é preferível ao ativo C.

c) O ativo C é preferível ao ativo A.

d) O ativo D é preferível ao ativo B.

e) O ativo A é preferível ao ativo B.

11. Considere as seguintes curvas de indiferença:

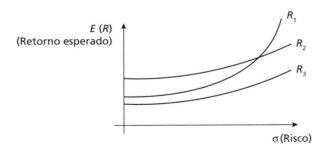

É **incorreto** afirmar que:

a) Os pontos da curva R_2 são preferíveis aos da curva R_3.

b) Qualquer ponto de R_1 em relação a R_2 indica maior nível de satisfação do investidor.

c) O investidor R_1 é mais conservador que o investidor R_3.

d) Quanto menor a inclinação da curva, maior a propensão do investidor ao risco

e) Os pontos da curva R_3 oferecem menor retorno para idêntico nível de risco de R_2.

12. Assinale VERDADEIRO (V) ou FALSO (F):

a) (   ) O risco de uma carteira de ativos pode ser reduzido por meio de alternativas de investimento que possuam correlações inversas.

b) (   ) Uma carteira com ativos perfeita e positivamente correlacionada é capaz de gerar altos lucros e inexiste a possibilidade de prejuízos.

c) (   ) A teoria do portfólio trata da composição de uma carteira de ativos que maximize o grau de satisfação do investidor pela relação risco/retorno.

d) (   ) Na teoria do portfólio, o retorno esperado de uma carteira composta por mais de um ativo é definido pelo retorno do ativo de maior valor da carteira.

e) (   ) O risco de uma carteira, mesmo bem diversificada, nunca pode ser inferior ao risco dos ativos que fazem parte dela.

13. São pressupostos básicos do estudo de carteira de ativos, **exceto**:

a) O risco de uma carteira pode ser totalmente eliminado, na prática, por uma seleção ótima de ativos.

b) Busca de uma carteira que ofereça o maior retorno possível para um determinado grau de risco.

c) Aplicações negativamente correlacionadas eliminam o risco não sistemático.

d) Para um investidor diversificado, o risco de um ativo em particular não é importante, e sim o seu risco no contexto da carteira.

14. Considere as seguintes afirmativas:

I.   O risco sistemático não pode ser eliminado ou reduzido mediante a diversificação de ativos de uma carteira, estando sempre presente na estrutura do portfólio.

II. O risco de uma carteira de investimento que pode ser diminuído pela inclusão de ativos negativamente correlacionados é chamado risco de mercado.

III. Variações nas taxas de juros da economia, processo inflacionário e situação política afetam o risco não sistemático.

IV. O cálculo do risco de um portfólio é função da correlação dos ativos, do risco de cada título e da participação de cada ativo na carteira.

a) Somente as afirmativas I e II estão corretas.

b) Somente as afirmativas I e III estão corretas.

c) Somente as afirmativas II e III estão corretas.

d) Somente as afirmativas III e IV estão corretas.

e) Somente as afirmativas I e IV estão corretas.

15. Assinale V (VERDADEIRO) ou F (FALSO) nas afirmativas a seguir:

a) ( ) As carteiras bem diversificadas são consideradas carteiras sem risco.

b) ( ) Pelo conceito da diversificação, ao selecionar ativos com correlação negativa, elimina-se o risco não sistemático de uma carteira.

c) ( ) Com o aumento do retorno esperado, tem-se a redução do risco de um portfólio.

d) ( ) A curva de indiferença mede o grau de aversão ao risco de um investidor.

e) ( ) Ativos com correlação nula são considerados de retornos independentes.

f) ( ) A diversificação pode ser adotada em carteiras de diferentes ativos, como ações, imóveis, títulos de renda fixa etc.

16. Calcule o retorno esperado de uma carteira constituída por três ativos, de acordo com os dados a seguir:

	Ativo A	Ativo B	Ativo C
Retorno Esperado	20%	45%	30%
Participação	30%	40%	30%

17. Calcule o retorno esperado de uma carteira constituída por cinco ativos, de acordo com os dados a seguir:

	Ativo A	Ativo B	Ativo C	Ativo D	Ativo E
Investimento	R$ 20.000	R$ 10.000	R$ 30.000	R$ 15.000	R$ 25.000
Retorno	12%	8%	20%	10%	18%

18. A partir das informações a seguir, referentes aos ativos X e W, pede-se:

a) O retorno esperado de cada ativo.

b) Qual ativo possui o maior risco?

Ativo X		Ativo W	
Retorno	Probabilidade	Retorno	Probabilidade
10%	10%	– 6%	10%
14%	15%	0	20%
20%	30%	8%	30%
25%	25%	15%	25%
30%	20%	24%	15%

19. O quadro a seguir apresenta os retornos de quatro ativos nos últimos 4 anos. Pede-se:

a) Calcule o desvio-padrão do ativo D.

b) Calcule o desvio-padrão dos ativos A, B e C.

c) A correlação dos retornos dos ativos A e B é positiva ou negativa?

d) A correlação dos retornos dos ativos B e C é positiva ou negativa?

Taxa de Retorno			
Ativo A	Ativo B	Ativo C	Ativo D
9%	8%	14%	10%
11%	10%	12%	10%
15%	12%	10%	10%
22%	14%	8%	10%

Cap. 14 • RISCO, RETORNO E MERCADO **183**

20. Um investidor conservador deseja aplicar em ações. Analise, por meio das medidas do retorno esperado e do desvio-padrão, a ação mais atrativa para esse investidor.

Cenário	Probabilidade	Retorno Ação I	Retorno Ação II
Recessão	25%	2%	– 1%
Estabilidade	40%	17%	15%
Crescimento	35%	28%	22%

21. Um investidor disposto a assumir qualquer nível de risco para auferir maiores retornos deseja aplicar em ações. Analise, por meio das medidas do retorno esperado e do desvio-padrão, a ação mais atrativa para esse investidor.

Cenário	Probabilidade	Retorno Ação I	Retorno Ação II
Recessão	30%	– 5%	– 1%
Estabilidade	40%	5%	10%
Crescimento	30%	12%	15%

22. Um investidor que tem por objetivo obter os benefícios da diversificação de seus investimentos, ao selecionar o conjunto de ativos que formam sua carteira de ações:

a) deve escolher ações de grandes empresas, que por serem mais conhecidas, são mais valorizadas no mercado de capitais.

b) deve investir em ativos que estão desvalorizados há algum tempo e prometem se valorizar no curto prazo.

c) deve escolher ativos de empresas com ramo de atividade semelhante.

d) não deve investir em empresas com perfil de faturamento sazonal, como hotéis e *resorts* de férias.

e) deve investir em ativos que apresentam perfis de retorno e risco diferentes entre si.

23. Considere as afirmativas a seguir:

I. Para um mesmo nível de risco, o investidor deve escolher a alternativa de investimento com menor retorno esperado.

II. Para um mesmo retorno esperado, o investidor escolhe a alternativa de investimento com menor volatilidade.

III. Quanto maior o risco, maior será o retorno.

IV. O risco de um investimento pode ser mensurado pelo desvio-padrão dos retornos esperados em relação à média.

Com base nos itens acima, indique a alternativa **correta**:

a) As afirmativas I, II, III e IV estão incorretas.

b) As afirmativas I, II, III e IV estão corretas.

c) Apenas as afirmativas II e III estão corretas.

d) Apenas as afirmativas I, II e IV estão corretas.

e) Apenas as afirmativas I e IV estão corretas.

24. Acerca da diversificação do risco é **correto** afirmar que:

a) é vista como ação benéfica por propiciar a redução do risco sistemático da carteira de ativos.

b) é vista como ação benéfica por propiciar a redução do risco não sistemático da carteira de ativos.

c) é vista como ação benéfica por propiciar apenas a redução do risco de crédito dos ativos que compõem determinada carteira.

d) é vista como ação benéfica por propiciar apenas a redução do risco financeiro dos ativos que compõem determinada carteira.

e) é vista como ação benéfica por propiciar a redução tanto do risco não diversificável, quanto do risco não sistemático da carteira.

25. Considere os ativos A e B que compõem uma carteira com pesos 70% e 30%, respectivamente.

Resumo	A	B
Retorno Ano 1	4,00%	3,00%
Retorno Ano 2	16,50%	12,00%
Retorno Ano 3	12,30%	10,00%
Retorno Ano 4	20,00%	7,00%
Retorno Ano 5	9,00%	4,00%
Retorno médio	**12,36%**	**7,20%**
Risco (DP)	**6,26%**	**3,83%**
CV	**0,506378**	**0,532508**

Informações adicionais:

- Coeficiente de correlação: 0,667174
- Covariância: 0,001601
- Retorno da carteira: 10,81%
- Risco da carteira: 5,22%
- Coeficiente de variação da carteira: 0,482740

Assinale a alternativa **incorreta**:

a) A e B apresentam covariância e correlação positivas, logo, quando combinados, aumentam o risco da carteira.

b) A escolha de novos ativos com coeficiente de correlação menor que 0,667174 poderia reduzir o risco da carteira.

c) A carteira composta por 70% do ativo A e 30% do ativo B apresenta um desvio-padrão maior que o ativo B isolado e menor que o ativo A isolado, cenário que pode ser justificado pela diversificação de investimentos.

d) Um ativo que apresenta maior desvio-padrão deve, obrigatoriamente, apresentar maior coeficiente de variação.

e) Se os pesos dos ativos A e B na carteira forem alterados; o retorno, o risco e o coeficiente de variação da carteira também serão diferentes.

DIFERENTES TIPOS DE INVESTIDOR E SUA RELAÇÃO COM O RISCO

O investidor e as preferências de risco

A relação risco-retorno propõe que todo investimento com maior risco deve ser remunerado com retorno mais elevado; risco menor pode oferecer também retorno mais baixo. Para cada aumento de risco, os investidores exigirão um prêmio de retorno de acordo com o seu nível de aversão ao risco.

Em ambiente de risco, o investidor pode ser classificado com base em três percepções:

- propenso ao risco;
- indiferente ao risco;
- avesso ao risco.

O investidor **propenso** ao risco é definido como aquele que procura focar suas decisões na taxa de retorno, aceitando propostas que prometem maiores ganhos, mesmo que incorra em maiores riscos. Por apreciarem o risco, esses investidores são muitas vezes conhecidos por "amantes do risco" ou *risk lovers*. Em algumas ocasiões, esse "amante" do risco exagera nas projeções de ganhos visando usufruir da satisfação de incorrer em maiores riscos; são capazes de reduzir parte de seus ganhos para conviverem com riscos mais altos.

O investidor **avesso** ao risco é tido como um conservador; troca retornos mais elevados pela segurança de seus investimentos. Sempre exige um retorno maior quando o risco aumenta.

Um investidor **indiferente** ao risco mantém o retorno mesmo diante de mudanças no risco. Abre mão, em outras palavras, de uma compensação diante de um aumento no risco. Esse investidor coloca-se entre uma posição agressiva e conservadora.

Para decidir sobre um investimento em condições de risco, toda pessoa deve avaliar sua tolerância ao risco, ou seja, qual o grau máximo de risco que está disposta a assumir. Esse cuidado evita que o investidor assuma riscos acima de sua capacidade de tolerância, evitando problemas de abandono e crises pessoais.

Talvez, a melhor forma de estender a tolerância ao risco seja definir quanto o investidor poderia perder, em determinado período, sem alterar seu projeto de investimento. Gitman e Joehnk (2005, p. 126) sugerem que investidores com baixa tolerância a risco limitem suas perdas em até 5% ao ano, os que apresentam tolerância moderada suportam perdas anuais entre 6% e 15%, e aqueles mais propensos ao risco aceitam perdas de 16% a 20%.

15

SELEÇÃO DE CARTEIRAS E TEORIA DE MARKOWITZ

O Capítulo 15 propõe o estudo e a análise do risco baseados na Teoria de Markowitz e no processo de diversificação da carteira de investimentos.

A seleção de carteiras procura identificar a melhor combinação possível de ativos, obedecendo às preferências do investidor com relação ao risco e retorno esperados. Dentre as inúmeras carteiras que podem ser formadas com os ativos disponíveis, é selecionada aquela que maximiza o grau de satisfação com o investimento realizado.

Para tanto, torna-se indispensável: (i) conhecer como se comportam ativos com correlação positiva, negativa ou nula; (ii) mensurar e analisar como as diversas combinações de ativos em carteiras se comportam em termos de retorno e risco; (iii) saber como montar e analisar uma fronteira eficiente.

1. O risco de um ativo:

a) independe de sua inclusão, ou não, em um portfólio.

b) não há relação entre o risco de um ativo e o seu retorno esperado.

c) pode reduzir o risco de uma carteira por meio da combinação com outros ativos positivamente correlacionados.

d) quando mantido fora de uma carteira é diferente de seu risco quando incluído na carteira.

e) determina o risco de uma carteira pela soma dos riscos individuais de cada ativo.

2. Ao se elevar, de maneira diversificada, o número de títulos em uma carteira, **verifica-se:**

a) uma redução do seu risco sistemático.

b) um aumento do risco diversificável (não sistemático).

c) uma diminuição do risco diversificável a uma taxa crescente.

d) uma manutenção do risco total do portfólio.

e) uma redução do risco não sistemático a uma taxa decrescente.

3. Indique a afirmativa que melhor aborda os componentes do risco de um portfólio:

a) Soma dos riscos individuais de cada título.

b) Variância dos retornos dos ativos.

c) Risco, correlação e participação dos ativos no investimento total.

d) Risco individual de cada ativo e sua participação no portfólio.

e) Correlação de cada ativo e risco não diversificável do portfólio.

4. **Não** faz parte do desvio-padrão de uma carteira de dois ativos:

a) o desvio-padrão de cada ativo.

b) o percentual da carteira aplicado em cada ativo.

c) o coeficiente de correlação dos dois ativos.

d) a média dos retornos de cada ativo.

e) a covariância entre os dois ativos.

Enunciado das Questões 5 e 6:

Considere a formulação de Markowitz para os títulos A e B em uma carteira hipotética.

$$\sigma_p = \left[\left(W_A^2 \times \sigma_A^2\right) + \left(W_B^2 \times \sigma_B^2\right) + 2 \times W_A \times W_B \times COV_{A,B}\right]^{1/2}$$

em que:

σ_p = risco da carteira;

W_A e W_B = participação dos ativos A e B no portfólio, respectivamente;

s_A^2 e s_B^2 = variância dos retornos dos ativos A e B, respectivamente;

$COV_{A,B}$ = covariância entre os ativos A e B.

5. Mantendo fixa a participação dos ativos A e B (W_A e W_B) na carteira, assim como o risco de cada ativo $\left(s_A^2 \text{ e } s_B^2\right)$, podemos afirmar que:

a) quanto menor a correlação entre os ativos A e B, maior o risco da carteira.

b) quanto maior a correlação entre os ativos A e B, maior o risco da carteira.

c) quanto maior a correlação entre os ativos A e B, menor o risco da carteira.

d) quanto maior a correlação entre os ativos A e B, maior o risco da carteira, até um ponto em que ele começa a decrescer.

e) quanto menor a correlação entre os ativos A e B, maior o risco da carteira, até um ponto em que ele começa a decrescer.

6. Mantendo fixa a participação dos ativos A e B (W_A e W_B) em uma carteira com correlação perfeitamente positiva, é **correto** afirmar que:

a) aumentando o risco de cada ativo individual, o risco total da carteira diminui.

b) diminuindo o risco de cada ativo individual, o risco total da carteira aumenta.

c) aumentando o risco de cada ativo individual, o risco total da carteira se mantém inalterado.

d) diminuindo o risco de cada ativo individual, o risco total da carteira se mantém inalterado.

e) aumentando o risco de cada ativo individual, o risco total da carteira também aumenta.

7. Considere as seguintes afirmações:

I. A diminuição do risco de um portfólio pode se processar pela redução da covariância entre os ativos.

II. A diversificação do risco de uma carteira ocorre sempre que o índice de correlação dos ativos for superior a zero, sendo maior a redução, quando mais positivamente correlacionados estiverem os ativos.

III. Se dois ativos apresentarem correlação nula, o percentual de cada ativo a ser aplicado na carteira não interferirá no risco total do portfólio.

IV. A seleção de carteiras procura identificar a melhor combinação possível de ativos, obedecendo as preferências do investidor com relação ao risco e retorno esperados.

a) Somente as afirmações I e II são verdadeiras.

b) Somente as afirmações I e III são verdadeiras.

c) Somente as afirmações I e IV são verdadeiras.

d) Somente as afirmações II e IV são verdadeiras.

e) Somente as afirmações III e IV são verdadeiras.

Enunciado das Questões 8, 9, 10 e 11

A figura a seguir apresenta um conjunto de combinações de carteiras formado por dois ativos (X e Y). Com base nessa representação, responda às questões de 8 a 11.

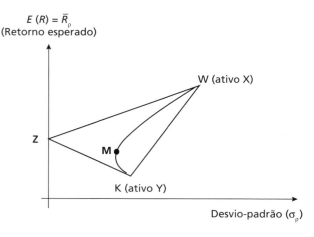

8. A reta que une o ponto K (ativo Y) ao ponto W (ativo X) reflete os possíveis resultados que os ativos apresentariam se fosse apurada:

a) uma correlação perfeitamente positiva.

b) uma correlação perfeitamente negativa.

c) uma correlação nula.

d) uma correlação positiva.

e) uma correlação negativa.

9. A curva KMW indica:

a) o efeito da diversificação da carteira pelo aumento no risco, dado que os ativos X e Y não apresentam correlação positiva perfeita.

b) o efeito da diversificação da carteira pelo aumento no risco, dado que os ativos X e Y apresentam correlação positiva perfeita.

c) o efeito da diversificação da carteira pela redução do risco, dado que os ativos X e Y apresentam correlação positiva perfeita.

d) o efeito da diversificação da carteira pela redução do risco, dado que os ativos X e Y não apresentam correlação positiva perfeita.

e) o efeito da diversificação da carteira pela redução do risco, dado que os ativos X e Y apresentam correlação nula.

10. A reta ZW indica:

a) uma correlação nula entre os ativos.

b) uma correlação positiva entre os ativos.

c) uma correlação perfeitamente positiva entre os ativos.

d) uma correlação negativa entre os ativos.

e) uma correlação perfeitamente negativa entre os ativos.

11. **Não** podemos afirmar em relação à carteira no ponto M:

a) representa uma carteira de ativos com menor risco possível.

b) representa uma carteira de ativos com maior risco.

c) representa a carteira de variância mínima.

d) será escolhida por investidores com mais alto nível de aversão ao risco.

e) é preferencial a todas as demais carteiras que oferecem um retorno esperado menor.

Enunciado das Questões 12 e 13

A figura a seguir é uma representação da chamada fronteira eficiente. Com base nela, responda às questões 12 e 13:

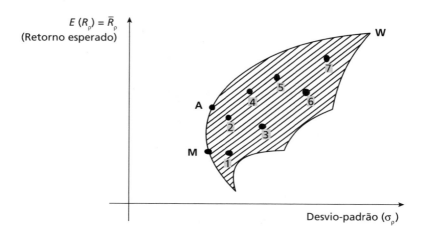

12. A seleção da carteira de investimento mais atraente para um investidor racional:

   a) fica restrita às combinações disponíveis no trecho MA.

   b) fica restrita às combinações disponíveis no trecho AW.

   c) fica restrita às combinações disponíveis no trecho MW.

   d) pode ser qualquer ponto da área hachurada.

   e) não está representada na figura.

13. Um investidor racional:

   a) selecionaria a carteira 1 em comparação à carteira M.

   b) escolheria a carteira 1 em relação à carteira 2.

   c) daria preferência a carteira 3 em comparação à carteira 4.

   d) optaria pela carteira 7 em relação à carteira 5.

   e) decidiria pela carteira 5 em comparação à carteira 6.

14. Com base na figura a seguir, assinale a afirmativa **incorreta**:

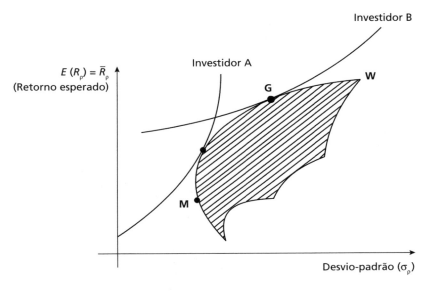

a) O trecho MW é a chamada fronteira eficiente.

b) O investidor B tem menor aversão ao risco que o investidor A.

c) As curvas dos investidores A e B refletem diferentes posturas perante o risco.

d) Diante do mesmo conjunto de oportunidades, o investidor A seleciona uma carteira de ativos de menor risco que B.

e) O retorno auferido pelo investidor B é menor que o auferido por A.

15. A seguir são apresentados os retornos dos ativos A e B para os últimos três anos. Calcule:

a) Retorno esperado de cada ativo.

b) Desvio-padrão dos retornos de cada ativo.

Ativo A	Ativo B
8%	10%
12%	15%
10%	20%

16. O quadro a seguir apresenta os retornos de duas ações: X e Y nos últimos 3 anos:

Retorno da Ação X	Retorno da Ação Y
11,5%	– 2,8%
15,0%	7,5%
21,4%	30,0%

Calcule:

a) Retorno esperado de cada ativo (ação).

b) Desvio-padrão dos retornos de cada ação.

c) Covariância e correlação entre as duas ações.

17. Um investidor mantém uma carteira formada por 3.000 ações da Cia. A, atualmente cotadas a $ 13,50/ação; e 7.000 ações da Cia B, cotadas a $ 7,00/ação. O retorno esperado da ação A é de 18% e o de B é igual a 26%. O desvio-padrão da ação A é igual a 10% e o da ação B 26%. O coeficiente de correlação entre as ações foi calculado em 0,25.

a) Calcule o desvio-padrão e o retorno esperado da carteira de ações mantida pelo investidor.

b) Admita que o investidor resolva vender 2.500 ações da Cia B. Calcule o retorno esperado e o desvio-padrão da nova carteira.

18. Um ativo P possui um retorno esperado de 14% e desvio-padrão de 8%. O ativo Q apresenta um retorno esperado de 24% e um desvio-padrão de 30%. A correlação entre os dois ativos é igual a 0,40. Uma carteira é formada com 35% do ativo P e 65% do ativo Q. Calcule:

a) Retorno esperado da carteira.

b) Covariância entre os retornos.

c) Desvio-padrão da carteira.

19. São descritos, a seguir, os retornos esperados de dois ativos para cada estado previsto da economia. Calcule:

a) Retorno esperado de cada ativo.

b) Desvio-padrão de cada ativo.

c) A covariância entre os retornos dos ativos.

Cenário	Probabilidade	Retorno A	Retorno B
I	10%	12%	22%
II	30%	16%	20%
III	40%	24%	16%
IV	20%	30%	8%

20. O quadro a seguir revela a taxa de retorno de quatro títulos prevista para cada um dos cinco possíveis estados da economia, e suas respectivas probabilidades de ocorrência.

Probabilidade	Retorno Ação P	Retorno Ação Q	Retorno Ação R	Retorno Ação S
10%	12%	9%	21%	6%
20%	12%	12%	18%	10%
40%	12%	15%	15%	12%
20%	12%	18%	12%	18%
10%	12%	21%	9%	28%

Pede-se:

a) Calcule o retorno esperado de cada ação.

b) Calcule o desvio-padrão do ativo S.

c) Aponte, observando o comportamento verificado em cada estado da economia, o ativo de maior risco (maior dispersão dos valores).

d) Calcule a covariância e a correlação dos retornos dos ativos Q e R.

21. A ação A possui um retorno esperado de 10% e desvio-padrão de 8%. A ação B tem um retorno estimado em 16% e desvio-padrão de 20%. Admita que possam ser formadas cinco carteiras com esses dois ativos, dadas as seguintes participações:

Participação Ativo A (W_A)	Participação Ativo B (W_B)
0%	100%
30%	70%
50%	50%
70%	30%
100%	0%

Calcule o retorno esperado e o desvio-padrão de cada carteira admitindo um índice de correlação (CORR) igual a:

a) +1,0.

b) 0 (nulo).

c) –1,0.

22. Um investidor aplica 60% de seu capital em um fundo de ações com retorno esperado de 22% e desvio-padrão de 15%, e os 40% restantes em títulos públicos, com retorno previsto de 14%. Calcule o retorno esperado e o desvio-padrão da carteira.

23. Um investidor possui as seguintes opções de investimento:

	Retorno esperado	Desvio-padrão
Título do governo federal	9,5%	0%
Ações ordinárias	21%	28%

Sabendo que o investidor constituiu uma carteira com 70% de títulos do governo federal e 30% com ações ordinárias, calcule:

a) O retorno esperado do portfólio.

b) O desvio-padrão dessa carteira.

c) O retorno esperado e o desvio-padrão dessa carteira se o investimento mudar para 30% em títulos públicos e 70% em ações ordinárias?

d) O percentual de capital que o investidor deverá tomar emprestado para que a sua rentabilidade se eleve para 27%, considerando que ele deseja aplicar seus recursos adicionais apenas em ações e a taxa de empréstimo obtida atinja 16%.

24. Admita um investidor que tem por objetivo aplicar em ativos de risco (R) e títulos públicos, que são livres de risco (L). Os ativos de risco têm um retorno esperado de 18% e um desvio-padrão de 26%. Os títulos públicos pagam 11,5% de remuneração. Pede-se calcular o risco e o retorno esperados para as seguintes carteiras:

a) 80% de R e 20% de L.

b) 70% de R e 30% de L.

c) 40% de R e 60% de L.

25. Admita um investidor com um capital de $ 800.000 para aplicar em ativos de risco (R) e títulos públicos, que são livres de risco (L). Os ativos de risco têm um retorno esperado de 22% e um desvio-padrão de 28%. Os títulos públicos pagam 11% de remuneração. Se o investidor tomar mais $ 400.000 emprestados para investir em ativos de risco, quais serão o retorno e o risco da nova carteira?

FRONTEIRA EFICIENTE

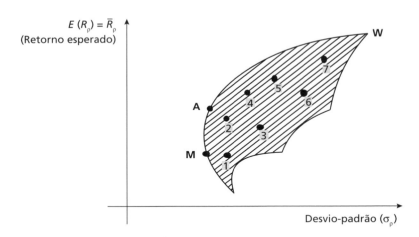

A seleção da carteira de investimento mais atraente para um investidor racional, que avalia a relação risco/retorno em suas decisões, fica restrita às combinações disponíveis no trecho *MW* da linha de combinações descrita no gráfico mostrado anteriormente.

Esse segmento, conhecido por *fronteira eficiente*, insere todas as carteiras possíveis de serem construídas. A escolha da melhor carteira é determinada pela postura demonstrada pelo investidor em relação ao dilema risco/retorno presente na avaliação de investimentos.

Cada ponto identificado na área hachurada representa uma carteira que demonstra certo retorno esperado e risco. Não é possível identificar carteiras em outras áreas do gráfico, devendo o investidor tomar sua decisão com base no conjunto de oportunidades descrito.

16

MODELOS DE PRECIFICAÇÃO DE ATIVOS E AVALIAÇÃO DO RISCO

O Capítulo 16 propõe o estudo dos modelos de precificação de ativos e avaliação de risco.

Um dos aspectos mais relevantes do desenvolvimento recente da teoria de finanças e risco é o conhecido modelo de precificação de ativos, amplamente divulgado por *Capital Asset Pricing Model* (CAPM).

O CAPM é um modelo de precificação unilateral bastante utilizado nas várias operações do mercado de capitais, participando do processo de avaliação de tomada de decisões em condições de risco.

Por meio do modelo, é possível também apurar-se a taxa de retorno requerida pelos investidores. O coeficiente beta indica o incremento necessário no retorno de um ativo de forma a remunerar adequadamente seu risco sistemático.

1. Podemos fazer as seguintes afirmativas com relação ao *Capital Asset Pricing Model* (CAPM), **exceto**:

    a) busca relacionar e mensurar os componentes de risco e retorno em uma avaliação de ativos.

    b) assume a hipótese de grande eficiência informativa do mercado, que atinge igualmente a todos os investidores.

    c) o modelo permite apurar a taxa de retorno requerida pelos investidores de forma a remunerar seu risco sistemático.

    d) parte do pressuposto de que todos os investidores apresentam expectativas homogêneas com relação ao desempenho dos ativos.

    e) o modelo elimina o risco da previsão do retorno de um investimento.

2. Considerando as figuras a seguir, é **correto** afirmar que:

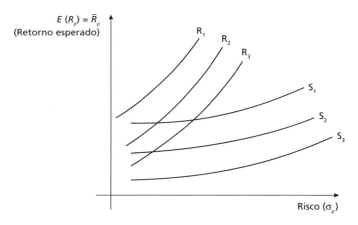

Figura 16.1 – Diferentes curvas de indiferença.

   a) Na Figura 16.1, o investidor S apresenta maior aversão ao risco em relação ao investidor R.

   b) Na Figura 16.1, os pontos localizados sobre a curva R_2 são preferíveis aos pontos localizados sobre a curva R_1.

   c) Na Figura 16.2, o segmento *PB* indica toda a fronteira eficiente.

   d) Na Figura 16.2, o ponto de equilíbrio entre os resultados da carteira eficiente e o grau de aversão ao risco do investidor é o ponto *P*.

   e) A área hachurada da Figura 16.2 indica todas as oportunidades eficientes de investimento possíveis de serem formadas.

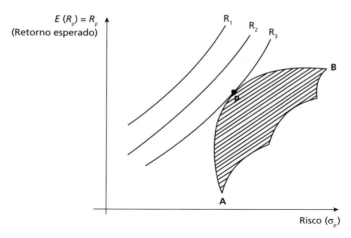

Figura 16.2 – Conjunto de oportunidades de investimento.

3. Tendo como base a figura a seguir, podemos afirmar que:

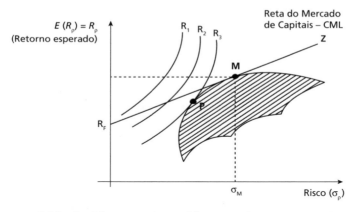

a) o ponto M é atingido se um investidor possuir na sua carteira somente ativos livres de risco.

b) o segmento $R_F M$ contém todas as possíveis combinações de ativos sem risco com ativos com risco, conforme contidos na carteira M.

c) as carteiras formadas à direita de M são compostas exclusivamente de ativos com risco.

d) a carteira M contém somente o risco diversificável, oferecendo máxima satisfação em termos de relação risco/retorno.

e) quanto maior a aversão do investidor ao risco, mais à direita de M se localiza a carteira escolhida.

4. Sobre a Reta do Mercado de Capitais (CML), **não** podemos afirmar que:

a) descreve o prêmio pelo risco de mercado, conforme adotado em todas as decisões tomadas em ambiente de incerteza.

b) considera unicamente a taxa de retorno esperada e o risco de carteiras eficientes, distribuídas ao longo de seu segmento.

c) inclui as carteiras de ativos classificadas fora da fronteira eficiente.

d) oferece as melhores relações de risco e retorno para os investimentos.

e) nessa linha situam-se todas as carteiras compostas por ativos com risco e livres de risco possíveis de serem formadas no mercado de capitais.

5. Assinale VERDADEIRO (V) ou FALSO (F):

a) (   ) A reta característica permite que se relacione, dentro do modelo de precificação de ativos, o comportamento de um título com a carteira de mercado.

b) (   ) A previsão dos resultados de uma ação, dado o desempenho da carteira de mercado, é possível graças à constatação prática de uma correlação inversa entre os retornos desses valores.

c) (   ) A relação entre o retorno de um título e o retorno da carteira de mercado, identificada em certo intervalo de tempo, tem como pressuposto que os retornos verificados no passado sejam previsivelmente repetidos no futuro.

d) (   ) Em condições de equilíbrio de mercado, a reta característica passa pela origem do plano cartesiano, e o valor de alfa de uma ação deve ser zero.

e) (   ) Na formulação da reta característica, o coeficiente de correlação revela como o retorno em excesso de uma ação se move em relação ao retorno em excesso do mercado como um todo.

6. Considerando a equação da reta característica a seguir, assinale a afirmativa **incorreta**:

$$R^j + R_j = \alpha + \beta \, (R_M - R_j)$$

a) O coeficiente alfa é positivo se houver prêmio pelo risco de mercado.

b) Se o beta de uma ação for igual a 1,0, a ação movimenta-se na mesma direção da carteira de mercado em termos de retorno esperado.

c) O risco sistemático é identificado pela dispersão dos retornos dos títulos em relação aos movimentos do retorno da carteira de mercado.

d) Quanto maior a dispersão apresentada na reta de regressão, mais alto é o risco diversificável de um ativo.

e) Quanto maior o beta, mais elevado é o risco da ação em relação ao risco sistemático da carteira de mercado.

7. Considere as seguintes afirmativas relacionadas com o risco sistemático na reta característica:

I. O risco assumido pelas ações de uma empresa, que não se apresenta relacionado com as flutuações do mercado, é o denominado risco diversificável (ou não sistemático).

II. A covariância dos retornos de determinada ação e do mercado é expressa na reta característica pelo coeficiente alfa, indicando o prêmio pelo risco oferecido pelo ativo.

III. O risco sistemático está relacionado com o mercado como um todo, não podendo ser eliminado pelo processo de diversificação.

IV. A medida de risco relevante para um investidor é expressa pelo risco não sistemático, pois é possível sua eliminação pela diversificação da carteira.

a) As afirmações I, II e III são verdadeiras.

b) As afirmações I, III e IV são verdadeiras.

c) As afirmações II, III e IV são verdadeiras.

d) As afirmações III e IV são verdadeiras.

e) As afirmações I e III são verdadeiras.

8. Com relação ao alfa de Jensen, **não** podemos afirmar que:

a) um valor positivo revela que o ativo foi capaz de oferecer um retorno maior que o esperado pelo modelo do CAPM.

b) pode ser calculado por meio da seguinte equação: $(R_A - R_F) - \beta \times (R_M - R_F)$.

c) equivale ao intercepto α da equação de regressão linear.

d) quando observamos $\sigma < R_f(1 - \beta)$, temos que o desempenho do ativo superou as expectativas no período de regressão.

e) permite uma comparação entre os retornos apresentados por uma ação e os retornos esperados pelo CAPM.

9. O coeficiente de determinação R^2:

a) indica o prêmio pelo risco oferecido por um ativo.

b) define a porcentagem da variável independente que pode ser identificada pela equação de regressão linear.

c) representa a correlação do retorno de um ativo em relação ao mercado.

d) permite reconhecer diretamente o risco diversificável de uma empresa.

e) informa a parcela do risco de um ativo que não pode ser eliminado pela diversificação (risco sistemático).

10. **Não** podemos afirmar sobre a Reta do Mercado de Títulos (SML) que:

a) relaciona, para um ativo, os retornos esperados e seus respectivos indicadores de risco.

b) é aplicada somente na avaliação da relação risco/retorno dos ativos que se relacionam perfeitamente com a carteira de mercado.

c) os títulos individuais em condições de equilíbrio estão localizados sobre a reta do mercado de títulos.

d) uma diferença entre a reta do mercado de títulos (SML) e a reta do mercado de capitais (CML) está relacionada com a medida de risco dos ativos avaliados com o mercado.

e) a reta do mercado de títulos (SML) permite representar, em um mesmo gráfico, o risco e o retorno esperado de um ativo.

11. Com base na figura a seguir, assinale a afirmativa **correta**:

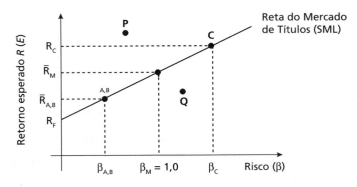

a) Os ativos A e B não estão em condições de equilíbrio de mercado.

b) Os ativos A e B possuem, com certeza, o mesmo risco total.

Cap. 16 • MODELOS DE PRECIFICAÇÃO DE ATIVOS E AVALIAÇÃO DO RISCO / 205

c) O ativo C oferece uma expectativa mais alta de retorno em relação ao mercado devido ao seu maior risco diversificável.

d) O ativo P encontra-se subavaliado pelo mercado, possuindo um indicativo de compra desse título.

e) Quando os investidores perceberem a incoerência praticada pelo mercado ao avaliar o ativo Q, podemos esperar sua valorização.

12. Considere as seguintes afirmativas relacionadas com o Índice de Sharpe:

I. O Índice de Sharpe revela o prêmio oferecido por um ativo para cada percentual adicional de risco – sistemático e diversificável – assumido.

II. Investidores com maior aversão ao risco poderão dar preferência a carteiras com um menor Índice de Sharpe em relação aos investidores com menor aversão ao risco.

III. Na avaliação de carteiras, um quociente menor do Índice de Sharpe em comparação com um quociente maior, indica maior eficiência no período.

IV. Em carteiras de renda fixa no Brasil, a medida que melhor reflete a taxa livre de risco a ser utilizada na formulação do Índice de Sharpe é o Índice Ibovespa.

a) Apenas as afirmativas I e II estão corretas.

b) Apenas as afirmativas I e III estão corretas.

c) Apenas as afirmativas II e III estão corretas.

d) As afirmativas I, II e III estão corretas.

e) As afirmativas II, III e IV estão corretas.

13. Assinale a afirmativa **incorreta**:

a) Ao relacionar o prêmio pelo risco pago por uma carteira com o seu beta, o Índice de Treynor desconsidera o risco diversificável.

b) O Índice de Modigliani relaciona o desempenho de um portfólio com os resultados apresentados pela carteira de mercado.

c) Por refletir o risco de uma decisão de investimento, quanto mais baixo o índice de Modigliani, mais eficiente o portfólio para o investidor.

d) Por meio do traçado da linha característica de uma ação, o CAPM permite calcular o custo do capital próprio dos acionistas de uma empresa.

e) O CAPM permite que se avalie o retorno desejado de um ativo para cada nível de risco. A medida de risco adotada pelo CAPM é o coeficiente beta.

14. Com relação ao coeficiente beta, assinale a afirmativa **incorreta**:

a) Quanto maior o beta, maior também será o risco e o retorno esperado de um ativo.

b) Relaciona o risco de mercado com o risco de um título.

c) Uma ação de risco médio tem, por definição, um beta igual a 1,0.

d) É o coeficiente de inclinação (angular) da reta característica.

e) É uma medida do risco diversificável.

15. Tendo como base os retornos em excesso da ação da Cia. "j" e do mercado nos últimos cinco anos expressos no quadro a seguir, calcule:

Ano	Retorno em excesso da ação da Cia. "j" $(Rj - R_F)$	Retorno em excesso da carteira de mercado $(Rm - R_F)$
2000	12,8%	10,5%
2001	– 4,2%	– 3,8%
2002	6,2%	4,1%
2003	9,4%	7,6%
2004	9,2%	8,1%

a) O desvio-padrão e a variância dos retornos da Cia. "j" e do mercado.

b) A covariância e a correlação entre a ação e o mercado.

c) O grau de inclinação da reta característica.

d) O parâmetro linear da reta de regressão.

e) A equação da reta característica.

f) O retorno da ação da Cia. "j" admitindo-se um retorno de mercado de 15% e uma taxa livre de risco de 7%.

g) O alfa de Jensen com base nos dados do item anterior dizendo se o desempenho ativo superou, foi idêntico ou ficou a seguir das expectativas no período de regressão.

h) O percentual do risco sistemático e diversificável da ação da Cia. "j".

16. Admita uma economia que apresenta um prêmio pelo risco de mercado de 6,5%, e uma taxa livre de risco de 7%. Nesse contexto, observa-se uma ação com um beta de 1,20. Nessas informações, pede-se calcular o retorno esperado da ação.

Cap. 16 · MODELOS DE PRECIFICAÇÃO DE ATIVOS E AVALIAÇÃO DO RISCO / **207**

17. O desvio-padrão das taxas de retorno da ação da Cia. XWZ e do mercado são, respectivamente, de 16,2% e 14,7%. A covariância entre os retornos da ação e os do mercado é igual a 0,0254. Sendo, ainda, de 8,5% o prêmio pelo risco de mercado e de 5,5% a taxa livre de risco, calcule o retorno esperado dessa ação.

18. Suponha uma carteira formada com 45% de títulos públicos, com retorno esperado de 8% e 55% de ações, com retorno esperado de 16% e desvio-padrão de 12%. Calcule:

a) Retorno esperado da carteira.

b) Risco da carteira medido pelo desvio-padrão.

c) Índice de Sharpe.

19. São apresentadas a seguir informações referentes a dois fundos de investimentos:

	Fundo I	Fundo II
Prêmio pelo risco	14,5%	35,6%
Desvio-padrão	29,7%	50,8%

Pede-se:

a) Calcule o índice de Sharpe de cada fundo de investimento.

b) Identifique a carteira mais eficiente.

c) Qual a carteira provavelmente selecionada por um investidor com grande aversão ao risco?

20. Informações de uma reta de regressão das taxas de retorno de uma companhia aberta com o mercado:

– Inclinação da reta de regressão linear: 0,85.

– Coeficiente de determinação (R^2): 68%.

Pede-se:

a) Calcule a parcela do risco da ação que pode ser eliminada pela diversificação.

b) Explique se essa ação possui um risco maior ou menor que o risco sistemático da carteira de mercado.

c) Para um prêmio pelo risco de mercado de 9% e uma taxa livre de risco de 6%, calcule o retorno esperado dessa ação.

21. Um analista especializado nas ações de uma companhia aberta estima que seu retorno no futuro seja de 17%. Essa ação possui um beta de 1,5, a taxa livre de risco é de 6% e o retorno da carteira de mercado de 15%. Pede-se avaliar a estimativa do analista com as expectativas do mercado.

22. A ação da Cia. H tem um retorno esperado de 15,5% e um coeficiente beta de 1,3. A ação da Cia. I possui um retorno esperado de 9,5% e um beta de 1,1. A taxa livre de risco é de 8,5% e o retorno da carteira de mercado é 12%. Identifique os ativos na linha do mercado de títulos (SML), indicando se estão acima, sobre ou a seguir da reta.

23. Um investidor está avaliando uma aplicação em uma ação que tem um coeficiente beta de 1,22. O retorno esperado pelo investidor no papel é de 14,5%. Sabendo que o prêmio pelo risco de mercado é de 8,5% e a taxa livre de risco de 7%, responda se ele está sendo otimista ou pessimista em suas projeções.

24. Calcule, baseado no CAPM, a taxa esperada de retorno do ativo J, sabendo que a covariância do ativo com o mercado é igual a 0,02013 e o desvio-padrão de J é de 12%. A taxa livre de risco é igual a 7%, a carteira de mercado tem um retorno esperado de 18% e o desvio-padrão do retorno da carteira de mercado é de 13%.

25. Calcule o beta da ação Y a partir dos dados do quadro a seguir:

Anos	Índice Bovespa	Ação Y
Ano 1	15%	17%
Ano 2	12%	16%
Ano 3	−17%	− 24%
Ano 4	5%	3%
Ano 5	10%	5%

RETA CARACTERÍSTICA

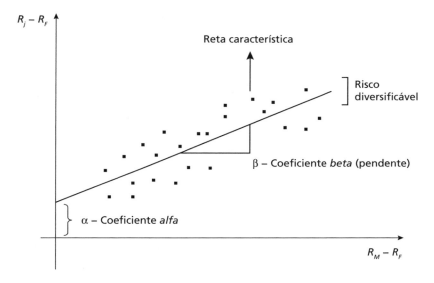

A **reta característica** permite que se relacione, dentro do modelo de precificação de ativos, o comportamento de um título (ou carteira específica de títulos) com a carteira de mercado. Procura descrever como as ações, por exemplo, se movem diante de alterações verificadas no mercado como um todo.

Identificados os retornos dos ativos e da carteira de mercado, eles são plotados em um gráfico, obtendo-se a denominada reta característica. Diante do comportamento positivamente correlacionado dessas variáveis, a reta característica é obtida mediante regressão linear. Nessa regressão, ainda, são identificadas duas novas e importantes medidas financeiras: o coeficiente beta (β) – parâmetro angular, que identifica o risco em relação ao risco sistemático da carteira de mercado; e o coeficiente alfa (α) – parâmetro linear da reta de regressão.

17

DERIVATIVOS – MERCADOS FUTUROS

O Capítulo 17 contempla o sofisticado mercado de derivativos e o uso desses instrumentos financeiros no gerenciamento do risco. São destacados os participantes dos mercados futuros e o processo de formação de preços dos contratos.

Derivativos são instrumentos financeiros que se originam (dependem) do valor de outro ativo, tido como ativo de referência. Um contrato derivativo não apresenta valor próprio, derivando-se do valor de um bem básico (*commodities*, ações, taxas de juros etc.).

Uma operação de mercado futuro envolve basicamente um compromisso de compra ou venda de determinado ativo em certa data futura, sendo previamente fixado o preço objeto da negociação.

Os investidores do mercado futuro são identificados essencialmente nos especuladores e *hedgers*. Os especuladores são todos os aplicadores que buscam resultados financeiros nas operações a futuro. Os *hedgers* constituem-se em usuários dos mercados futuros que, por meio de operações de compra e venda, procuram eliminar o risco de perda determinado por variações adversas nos preços.

1. Com relação aos derivativos, podemos afirmar que:

a) os ativos objetos dos contratos de derivativos têm seus preços estabelecidos pelo vendedor desses ativos.

b) as transações com derivativos são realizadas nos mercados à vista da bolsa de valores.

c) os mercados futuros e de opções impedem os investidores de tomar uma decisão mais técnica, devido à incerteza de ocorrência de determinados eventos.

d) os derivativos permitem a realização de negócios de maior porte com um volume relativamente pequeno de capital, e nível conhecido de risco.

e) como os derivativos incorrem em maiores riscos, os preços dos bens são mais elevados.

2. O uso de derivativos no mercado financeiro oferece as seguintes vantagens, **exceto**:

a) melhor gerenciamento do risco.

b) estímulo da liquidez do mercado físico.

c) liquidação imediata de todas as operações de compra e venda.

d) proteção contra prejuízos ocasionados por alterações desfavoráveis nas cotações dos ativos.

e) maior atração ao capital de risco, permitindo uma garantia de preços futuros para os ativos.

3. Com relação a derivativos, indique a afirmativa **incorreta**:

a) Derivativos são valores que derivam (dependem) de valores de outros ativos, como ações, mercadorias, taxas de juros, conhecidos por ativos-objeto.

b) Operar com derivativos é sempre uma posição de especulação.

c) Os principais produtos do mercado de derivativos são os contratos futuros, opções, contratos a termo e *swaps*.

d) Um derivativo somente pode existir quando o ativo-objeto existir, e seu preço for livremente formado no mercado. Uma mercadoria sob controle de preços, por exemplo, deixa de ser referência para contratos de derivativos.

Cap. 17 • DERIVATIVOS – MERCADOS FUTUROS **213**

e) Os principais participantes do mercado de derivativos são os *hedgers,* especuladores e arbitradores.

4. Quanto aos participantes dos mercados derivativos, assinale a afirmativa
incorreta:

a) O *hedger* é um agente econômico que visa transferir o risco de variações
de preços futuros para outros agentes econômicos. Com isso, se protege de
flutuações adversas de preços em ativos e mercadorias.

b) O arbitrador procura tirar vantagens financeiras quando percebe que existem distorções entre o preço de um ativo em dois mercados distintos (por
exemplo, no futuro e no à vista).

c) O especulador transfere o risco de variações de preços futuros para o *hedger.*

d) Os arbitradores tomam no mercado futuro uma posição contrária àquela
assumida no mercado à vista. São os responsáveis pelo equilíbrio entre os
preços em diferentes mercados.

e) As atividades de especulação contribuem para elevar a liquidez dos mercados, pelo aumento do volume de negócios com derivativos realizados.

5. **Não** é função da bolsa:

a) Permitir a livre formação de preços.

b) Estabelecer as alíquotas de tributação das operações.

c) Dar garantias às operações realizadas no seu âmbito.

d) Oferecer mecanismos de custódia e liquidação dos negócios.

e) Facilitar a realização de negócios futuros e controlar as operações.

6. Considere as seguintes afirmações sobre mercados futuros:

I.   Uma operação de mercado futuro envolve um compromisso de compra
ou venda de determinado ativo em certa data futura, sendo previamente
fixado o preço do objeto transacionado.

II.   Os preços futuros praticados entre compradores e vendedores são livremente negociados no âmbito das bolsas de valores.

III. O titular de um contrato futuro deve manter o ativo em sua posse até a
data do vencimento do contrato, para somente então apurar a perda ou
ganho financeiro.

IV. O comprador de um ativo no mercado futuro acredita na sua valorização com relação ao preço à vista, e o vendedor, ao contrário, aposta na sua desvalorização futura.

a) As afirmativas I, II e III estão corretas.

b) As afirmativas I, III e IV estão corretas.

c) As afirmativas II e III e IV estão corretas.

d) As afirmativas I e IV estão corretas.

e) Apenas as afirmativas II e III estão corretas.

7. Um importador brasileiro que busca no mercado futuro proteção contra o risco de uma desvalorização cambial, assume uma posição de:

a) especulador.

b) investidor.

c) *hedger*.

d) arbitrador.

e) alavancador.

8. O risco dos contratos futuros é assumido pelo:

a) financiador.

b) *hedger* de compra.

c) *hedger* de venda.

d) investidor.

e) especulador.

9. Assinale VERDADEIRO (V) ou FALSO (F):

a) (   ) Um investidor que adquire ativos no mercado à vista e os vende, por meio de contratos no mercado futuro, é conhecido por financiador.

b) (   ) A posição de ganho de um financiador é afetada quando ocorrem desvalorizações no valor dos ativos adquiridos no mercado à vista.

c) (   ) Quando os preços em dois mercados distintos estiverem desalinhados, o arbitrador pode realizar um lucro sem risco. Para tanto, adquire a mercadoria no mercado onde os preços são mais baixos e vende no mercado onde os preços estão mais elevados.

d) (   ) O ganho em uma operação de arbitragem depende, além da variação dos preços dos ativos transacionados, das taxas de juros que podem ser obtidas de aplicações financeiras no mercado.

e) (   ) Em uma operação de arbitragem, quanto menor o preço de venda do ativo no futuro em relação ao seu valor na compra, maior o ganho.

10. O preço de uma *commodity* no mercado futuro tende a ser maior que o preço praticado no mercado à vista, devido aos seguintes fatores, **exceto**:

a) transportes e seguros.

b) custo de armazenamento do produto.

c) margem de garantia exigida pelas bolsas.

d) custo de oportunidade do capital aplicado no estoque.

e) prêmio pela incerteza quanto ao comportamento futuro dos preços no mercado.

11. Considere as seguintes afirmações:

I.   O *day trade* ocorre quando um investidor abre e fecha sua posição no mercado futuro no mesmo pregão.

II. Uma forma de reduzir o risco de um contrato futuro é a realização de ajustes diários na conta do investidor, com base na média dos preços futuros.

III. O mercado a termo exige que as perdas verificadas nos seus contratos sejam pagas diariamente, por meio de débitos na conta dos investidores.

IV. Ao abrir uma posição de compra de um índice de ações negociadas no mercado futuro, o investidor está apostando em uma desvalorização desse índice.

a) Somente as afirmativas I e II estão corretas.

b) Somente as afirmativas II e III estão corretas.

c) Somente as afirmativas III e IV estão corretas.

d) Somente as afirmativas I e III estão corretas.

e) Somente as afirmativas II e IV estão corretas.

12. Supondo que um ativo esteja sendo negociado no mercado à vista por $ 10,00, e no mercado futuro a $ 11,00, com vencimento em 30 dias, **não** podemos afirmar que:

a) o investidor a futuro terá interesse na compra se tiver uma expectativa de valorização futura acima de $ 11,00.

b) o vendedor a futuro somente realizará um lucro se o preço do ativo se situar abaixo de $ 11,00.

c) o arbitrador assume decisão de compra à vista e venda simultânea no futuro se a taxa de juros de aplicações de renda fixa, no período, estiver abaixo de 10%.

d) o comprador à vista apurará um aumento genuíno de riqueza se o preço do ativo no vencimento do contrato estiver acima de $ 10,00.

e) o vendedor à vista somente realizará um ganho se o preço do ativo no futuro se situar abaixo de $ 10,00.

13. Assinale a opção **incorreta** de *hedging*:

a) Investidores com ativos prefixados podem fazer *hedging* para não sofrerem perdas diante de uma elevação das taxas de juros no mercado, abrindo uma posição de venda de contratos DI futuros.

b) Para proteger-se de uma desvalorização da moeda nacional, um agente que possui uma dívida em dólar pode aplicar num título indexado a mesma moeda.

c) Um investidor em ações, ao desejar proteger-se do risco de uma queda na Bolsa, pode abrir uma posição de venda de contratos futuros de índices de ações.

d) Agentes que possuem passivos com encargos prefixados podem fazer proteção contra redução das taxas de juros abrindo posições de venda de contratos futuros DI.

e) Empresas com dívidas atreladas ao CDI (pós-fixadas) podem abrir posição no mercado vendendo contratos DI futuros, para se precaverem de variações positivas nos juros.

14. As ações de uma companhia são negociadas na B3 por R$ 30,00/ação, e na Bolsa de Valores de Nova York (NYSE) por US$ 25,00/ação. O câmbio está cotado a US$ 1,00 = R$ 1,50, ou seja, cada dólar norte-americano adquire R$ 1,50.

Cap. 17 • DERIVATIVOS – MERCADOS FUTUROS / **217**

Desconsiderando os custos operacionais, descreva a melhor estratégia para um arbitrador realizar um ganho.

15. Admita um investidor que tenha adquirido, em certa data, 50 contratos futuros do índice Bovespa a 17.800 pontos. No mesmo dia, o investidor decide aproveitar a valorização do mercado e vende todos os contratos com vencimento futuro. Diz-se que o investidor fechou sua posição. O contrato foi negociado a 19.800 pontos, numa operação conhecida por *day trade*. Suponha que o valor de cada ponto do contrato futuro de índice Bovespa esteja cotado no mercado a R$ 7,50. Calcule o resultado financeiro do investidor.

16. Admita os seguintes valores representativos de uma operação realizada no mercado futuro:

Cotação do ativo no mercado à vista	$ 46,00
Cotação do ativo no mercado futuro para liquidação em 90 dias (3 meses)	$ 50,00

A margem de garantia exigida pela Bolsa de Valores é de $ 4,50/ativo. Apure o resultado financeiro e a taxa de retorno da operação admitindo, conjuntamente, as seguintes ocorrências:

- Preço do ativo sobe no mercado à vista para $ 53,00.
- Preço do ativo sobe no mercado futuro para $ 56,20.

17. O mercado futuro constitui-se em uma alternativa para o investidor garantir o preço dos ativos no futuro, como ações, dólar, *commodities*, índices. Assinale VERDADEIRO (V) ou FALSO (F) nas afirmativas acerca desse mercado:

a) ( ) Um investidor, ao prever uma queda nos preços de ações mantidas em sua carteira, pode sentir-se atraído a vendê-las. Porém, o sucesso de sua decisão de venda depende do acerto de sua projeção de alta nos preços de mercado das ações.

b) ( ) O risco que uma empresa corre quando assume um passivo em dólar é a desvalorização da moeda nacional. Se o real se desvalorizar perante o dólar, a empresa necessitará de mais reais para liquidar sua dívida.

c) (　) O preço futuro é formado geralmente pelo preço à vista mais um custo de carregamento do ativo, calculado até a data de vencimento do contrato.

d) (　) Para eliminar o risco de variação cambial desfavorável, a empresa pode recorrer ao mercado futuro vendendo contratos de dólar futuro.

e) (　) Para se proteger da queda dos preços das ações o investidor pode vender contratos futuros de ações, assumindo assim uma posição vendida no futuro.

f) (　) Os preços negociados no mercado futuro são os preços futuros definidos para a data de vencimento do contrato.

18. Acerca das características dos contratos futuros é **incorreto** afirmar que:

a) Os contratos futuros não são padronizados.

b) As operações com contratos futuros são intermediadas pela bolsa.

c) Os contratos futuros representam uma obrigação de comprar ou vender e podem exigir depósitos em garantia.

d) Compradores e vendedores apresentam diferentes expectativas em relação aos contratos futuros.

e) Os contratos futuros têm vencimentos predeterminados.

19. Considere as seguintes informações:

- Preço de uma ação no mercado à vista: R$ 12,50.
- Custos de estocagem, transporte e seguros: R$ 0,02 por dia.
- Taxa de juros: 0,02% a.d.
- Outras taxas: $ 0,80 por ação.

Qual deverá ser o valor do contrato futuro para um vencimento em 75 dias?

20. Considere as seguintes informações:

- Cotação no mercado à vista: $ 18/ação.
- Cotação no mercado futuro para liquidação em três meses: $ 19,5/ação.
- Margem de garantia exigida pela bolsa: $ 0,8/ação.

Se o preço da ação subir para $ 19/ação no mercado à vista e $ 20,5/ação no mercado futuro, quais serão os resultados apurados para cada mercado?

Cap. 17 • DERIVATIVOS – MERCADOS FUTUROS **219**

21. Admita que um investidor tenha adquirido, em determinada data, 15 contratos futuros de índice Bovespa a 12.800 pontos. Em razão de uma valorização das cotações no mercado à vista, o investidor decide fechar sua posição no mesmo dia, a 13.500 pontos. Sabe-se que o valor do ponto de cada contrato vale $ 8,00. Qual o resultado financeiro bruto (sem considerar custos de corretagem) dessa operação? Qual investidor receberá o depósito?

22. Admita as seguintes informações referentes a um determinado ativo-objeto:

- Preço à vista: $ 7,00.
- Preço no mercado futuro: $ 8,00.
- Prazo de vencimento do contrato futuro: 90 dias.

Assinale a alternativa **incorreta**:

a) O investidor a futuro demonstra interesse na compra do ativo se tiver uma expectativa de valorização do preço do ativo no futuro acima de $ 8,00.

b) O vendedor a futuro realizará um lucro somente se o preço do ativo no futuro se situar acima dos $ 8,00/ativo.

c) Como a tendência é de que os preços do mercado futuro alinhem-se com os preços do mercado à vista no fechamento do contrato, o comprador do ativo-objeto à vista realiza um lucro em qualquer preço acima de $ 8,00.

d) Havendo interesse dos participantes, a posição de compra e venda pode ser encerrada a qualquer momento antes do vencimento do contrato. Nesse caso, o preço é determinado pelo valor do ativo-objeto no momento do encerramento, e não pelo preço do vencimento do contrato futuro.

e) O arbitrador de mercado procura tirar proveito dos diferenciais de preços dos ativos negociados nos mercados à vista e futuro.

23. Admita um investidor que tenha adquirido 10 contratos futuros de índices de ações para julho a 16.700 pontos. O investidor vende os contratos para agosto a 18.200 pontos. Para fechar essa operação, o investidor vende 10 contratos para julho a 18.400 pontos e adquire também 10 contratos para agosto a 19.100 pontos. O valor de cada ponto do contrato é igual a $ 6,00. Qual o resultado financeiro bruto (sem considerar custos de corretagem) dessa operação?

24. Suponha um contrato futuro DI de um dia, para uma taxa de juros de 10,50% a.a.o., e um prazo de 60 dias úteis até o vencimento. Pede-se:

a) Calcule o PU de compra.

b) Se a taxa de juros subir para 12% a.a.o., qual o novo PU da operação?

25. Considere os preços (PU) e os prazos dos contratos futuros DI a seguir para calcular a taxa implícita de juros, definida para o período entre a data de negociação e a data de vencimento do contrato futuro:

a) PU = 98.745,22 e prazo de 19 dias úteis.

b) PU = 97.242,51 e prazo de 75 dias úteis.

26. Uma empresa importadora efetuará um pagamento de U$ 5 milhões. Sabendo-se que hoje o contrato futuro de dólar é negociado a 2,8760, determine o número de contratos necessários para o *hedge* e qual a cotação travada. Desconsidere qualquer custo de bolsa.

27. Um especulador, apostando na alta do Ibovespa, comprou 5 contratos de Ibovespa futuro, em agosto de determinado ano, a 17.100 pontos. O fechamento da opção se deu dois dias depois, a 16.950 pontos. Qual o resultado financeiro da operação? Desconsidere os custos operacionais.

28. Em 09/08 de determinado ano, um investidor que possui uma carteira de ações de R$ 15.000.000, com beta de 1,2, acredita que a Bolsa cairá, mas não quer se desfazer das ações. Para se proteger, faz um *hedge* no final do pregão, com o contrato futuro com vencimento em outubro. Suponha que o Ibovespa na data do vencimento do futuro (18/10 do mesmo ano), caia para 16.200 pontos e a posição seja mantida. Alguns dados:

- Ibovespa à vista em 09/08: 16.533 pontos.
- Ibovespa futuro em 09/08: 17.215 pontos.

a) Qual o número de contratos que o investidor deve vender na operação?

b) Qual o ganho do *hedge* no período?

c) Qual a taxa de retorno obtida no período?

29. Um investidor compra 250 contratos de dólar comercial ao preço de R$ 2.516,70. Calcule o ajuste diário do primeiro dia, dado que o multiplicador do contrato é 50 e o preço de ajuste do final do dia foi R$ 2.516,80. Desconsidere qualquer custo de bolsa.

30. Entre as empresas que têm prejuízo com a valorização do dólar em face do real, aquelas que trabalham com importação são as mais prejudicadas. Suponha que um importador, em 06/08 de determinado ano, comprou mercadorias no valor de US$ 300.000, a serem pagos no último dia útil do mês. Nesse mesmo dia, para se proteger de uma eventual alta do dólar, o importador entrou no mercado futuro de dólar, quando os contratos SET9 estavam sendo negociados a R$ 1,865. Desconsidere os custos operacionais, para apurar o resultado final na data de encerramento dos contratos, considerando as seguintes cotações do dólar:

a) R$ 1,941.

b) R$ 1,850.

CONCEITOS BÁSICOS DE CONTRATOS FUTUROS

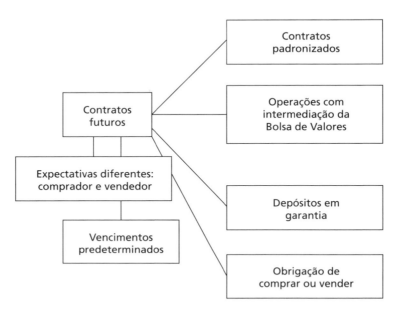

- **Objeto de Negociação** – ativo em negociação. Exemplos: café, boi, dólar, ouro.
- **Cotação** – valor de cada unidade física do ativo em negociação. Exemplos: R$ por dólares, R$ por arroba, R$ por saca.
- **Unidade de Negociação** – tamanho do contrato. Exemplo: 500 sacas de 60 kg de café.

18

DERIVATIVOS – MERCADOS DE OPÇÕES E *SWAPS*

O Capítulo 18 completa o estudo do mercado de derivativos e do uso desses instrumentos financeiros no gerenciamento do risco. São destacados os mercados de opções e mercados a termo, assim como as operações de *hedge* e *swaps*.

Os contratos de opções são uma sofisticação dos mercados de derivativos e, em especial, das operações a futuro. Pelo contrato de opções, o investidor assume o direito de adquirir ou vender certo ativo, pagando por isso um prêmio ao vendedor. Os produtos negociados pelas opções são conhecidos por ativos-objeto, podendo ser ações, índices de preços, ouro, dólar, taxas de juros, e assim por diante.

Swap é um acordo para troca de posição (ativa ou passiva) entre duas partes. Nas operações de *swap* os investidores trocam posições de contratos financeiros para adequar sua exposição ao risco.

MERCADO FINANCEIRO – EXERCÍCIOS E PRÁTICA · *Assaf Neto*

1. Identifique como V (VERDADEIRO) ou F (FALSO) as características do mercado a termo enunciadas a seguir:

a) (   ) O mercado opera com contratos padronizados.

b) (   ) Mercados a termo apresentam menor liquidez que os mercados futuros.

c) (   ) Os preços do mercado a termo sofrem ajustes diários.

d) (   ) Não há exigência do vendedor em possuir fisicamente o ativo negociado, assim como não se exige que o comprador mantenha o dinheiro comprometido na operação.

e) (   ) No mercado a termo o comprador paga o bem adquirido pelo preço de mercado verificado na data de vencimento do contrato.

2. Assinale a afirmativa **correta** acerca do mercado de opções:

a) Uma opção de compra concede ao titular a obrigação de adquirir, no futuro, um determinado ativo por um preço previamente estabelecido.

b) Ao contrário do observado nos contratos futuros, as opções não podem ser utilizadas em alternativas de *hedge*, devido a não obrigatoriedade do seu cumprimento.

c) O exercício de uma opção somente poderá ser realizado no final do prazo do contrato.

d) Se exigido pelo comprador, o vendedor de uma opção de venda tem o direito, e não uma obrigação, de entregar no futuro os ativos-objetos do contrato de opção.

e) O prêmio pago pelo investidor em opções não é devolvido pelo vendedor da opção, independentemente de o contrato de opção ser ou não exercido.

3. Admita que em certa data foram negociadas dez opções de venda de ações de uma empresa, com vencimento para um mês. O preço de exercício da opção foi de $ 10,00 por ação, e o prêmio pago pelo negócio foi de $ 0,10 por ação. Sabendo que na data do vencimento da opção o preço da ação atingiu $ 9,00, o investidor:

a) Incorreu em um lucro total de $ 90,00 (ou $ 9,00 por ação).

b) Incorreu em um lucro total de $ 9,00 (ou $ 0,90 por ação).

c) Incorreu em um lucro total de $ 10,00 (ou $ 0,10 por ação).

Cap. 18 • DERIVATIVOS – MERCADOS DE OPÇÕES E *SWAPS* | **225**

d) Incorreu em um prejuízo total de $ 90,00 (ou $ 9,00 por ação).

e) Incorreu em um prejuízo total de $ 9,00 (ou $ 0,90 por ação).

4. Assinale VERDADEIRO (V) ou FALSO (F):

a) (   ) No mercado de opções, o *hedger* pode comprar opções de venda ou vender opções de compra para se proteger de uma eventual valorização nos preços dos ativos.

b) (   ) Devido a suas regras de funcionamento, o mercado de opções oferece um risco maior aos especuladores, se comparado aos mercados futuros.

c) (   ) Os arbitradores têm por objetivo aproveitar eventuais desajustes verificados entre um mercado e outro, efetuando transações simultâneas e realizando lucros.

d) (   ) Os compradores de opções perdem o prêmio pago ao não decidirem por exercer seu direto.

e) (   ) Como os vendedores de opções não são obrigados a exercer seus direitos negociados, não são exigidas garantias de liquidação.

5. Identifique a característica comum do mercado a termo e do mercado futuro:

a) Prazo de vigência padronizado.

b) Não obrigatoriedade da compra ou venda dos ativos negociados.

c) Ajustes periódicos a valores de mercado.

d) Compra e venda de ativos para entrega futura a um preço previamente estabelecido.

e) Obrigatoriedade de utilização dos padrões impostos pelas bolsas de valores.

6. Preencha as lacunas nas frases com os conceitos apresentados a seguir:

- prefixado
- pós-fixado
- aumento
- diminuição
- perda
- ganho

a) Se uma empresa possui um empréstimo _____ e prevê que os juros sofrerão _____ no futuro, ela poderá buscar um *swap* para referenciar sua obrigação financeira em taxas pós-fixadas.

b) Um investidor brasileiro que faz um *swap* entre um título americano prefixado e um título nacional pós-fixado, terá uma _____ caso ocorra um_____ na taxa de juros no Brasil.

c) Se uma empresa possui um ativo atrelado a uma taxa _____ e um passivo a uma taxa _____, uma diminuição na taxa de juros do mercado acarretará uma perda para a empresa.

d) Um agente que possui um empréstimo_____ e prevê um _____ nas taxas futuras de juros, buscará um *swap* com objetivo de referenciar sua dívida em taxas prefixadas.

7. Um investidor, otimista com relação ao preço futuro de uma ação, adquiriu uma opção de compra de um lote de 10.000 ações pelo valor de $ 3,60/ação, pagando um prêmio de $ 0,40/ação. Quando a cotação da ação atingiu $ 4,10, o investidor decidiu realizar seu direito de compra. Apure o seu resultado da operação.

8. É oferecida a um investidor a compra de uma opção de venda de ações a $ 2,90/ação. Porém, o investidor está apreensivo com relação ao desempenho futuro do mercado acionário e não tem perspectiva de valorização ou desvalorização dessa ação. Sabendo que o prêmio dessa opção é de $ 0,25/ação e o lote negociado é de 10.000 ações, projete os resultados do investidor para os seguintes cenários futuros:

a) No vencimento da opção o valor de mercado da ação é de $ 3,05.

b) No vencimento da opção o valor de mercado da ação é de $ 2,62.

c) No vencimento da opção o valor de mercado da ação é de $ 2,65.

9. Suponha que o prêmio de uma opção de compra de ações (ativo-objeto) esteja avaliado em $ 1,30. Sendo o preço de exercício fixado em $ 28,90, determine o preço mínimo que o ativo-objeto (ação) deve atingir para o investidor apurar um lucro ao exercer seu direito de compra. Desconsidere custos operacionais.

10. Um investidor, lançador de uma opção de compra europeia (o direito somente pode ser exercido no vencimento da opção), recebe um prêmio de $ 4,50.

O preço de exercício é de $ 72,00. Calcule o preço mínimo que o ativo-objeto deve atingir para que o vendedor da opção apure um lucro. Desconsidere todos os custos operacionais.

11. Admita que no mercado esteja sendo negociada uma opção europeia de venda de ação com prêmio de $ 2,20. O preço de exercício é de $ 26,20. Ignorando os custos operacionais, determine a cotação mínima que o ativo deve atingir no dia do vencimento da opção para que produza lucro ao investidor (titular).

12. Um investidor pagou $ 22,50 de prêmio por uma opção de compra de um ativo com preço de exercício de $ 342,00. Ignorando custos operacionais, calcule:

a) Preço mínimo do ativo no mercado que torna interessante o investidor exercer seus direitos de compra.

b) A partir de que preço do ativo-objeto o investidor terá lucro.

13. Uma opção de venda é negociada com prêmio de $ 18,00, e preço de exercício do ativo-objeto de $ 142,00. A opção é europeia, devendo ser mantida até o seu vencimento. Pede-se:

a) Calcule o preço máximo que o ativo deve atingir na data de vencimento do contrato, para o vendedor da opção apurar um lucro.

b) Apure o lucro do titular da opção se o ativo estiver cotado, na data de vencimento do contrato, a $ 116,00.

14. Em determinada data, um investidor negocia 200 opções de venda de uma ação, com vencimento para 30 dias. O preço de exercício da ação é de $ 30,00 e o prêmio pago foi de $ 0,60/ação. Apure o resultado do negócio, na data de vencimento do contrato de opção, admitindo os seguintes preços para a ação no vencimento da opção:

a) $ 27,50.

b) $ 34,00.

15. Considere uma opção de compra do tipo europeu, com preço de exercício de R$ 33, e prêmio pago por opção de R$ 1. Classifique as afirmativas a seguir como CORRETA (C) ou INCORRETA (I):

a) (   ) Se no vencimento o preço da ação no mercado à vista for R$ 36,50, o investidor deve exercer sua posição e comprar ações, já que poderá auferir um resultado bruto de R$ 3,5 por opção de compra.

b) ( ) O investidor só incorrerá em perda com a opção de compra quando o preço da ação no mercado à vista for inferior ao preço de exercício da opção, independentemente de exercer a posição.

c) ( ) Se no vencimento o preço da ação no mercado à vista for R$ 34,00, o investidor deverá auferir um resultado líquido de R$ 2,00 por opção.

d) ( ) Se no vencimento o preço da ação no mercado à vista for R$ 30,00, o investidor não deve exercer sua posição.

e) ( ) Se o preço da ação no mercado à vista for R$ 33,5, o investidor deverá incorrer em um prejuízo líquido de R$ 0,50 por opção.

16. Considere uma opção de venda do tipo europeu, com preço de exercício de R$ 20, e prêmio pago por opção de R$ 5. Classifique as afirmativas a seguir como CORRETA (C) ou INCORRETA (I):

a) ( ) Se no vencimento o preço da ação no mercado à vista for R$ 25, o investidor deve exercer sua posição e vender ações, já que poderá auferir um resultado bruto de R$ 5 por opção.

b) ( ) Se no vencimento o preço da ação no mercado à vista for R$ 25, o investidor não deverá exercer sua posição.

c) ( ) Se no vencimento o preço da ação no mercado à vista for R$ 25, o investidor obrigatoriamente incorrerá em uma perda de R$ 5 por opção.

d) ( ) Se no vencimento o preço da ação no mercado à vista for R$ 10,00, o investidor deve exercer sua posição, pois o resultado líquido auferido com a venda será de R$ 5 por opção.

e) ( ) Sempre que no vencimento o preço da ação no mercado à vista for inferior ao preço de exercício, o investidor terá um resultado positivo.

17. Representam informações corretas acerca das opções de compra e venda de ações, **exceto**:

a) O último dia de negociação das opções será o dia de sessão de negociação imediatamente anterior à data de vencimento.

b) O exercício da opção ocorrerá mediante a solicitação do titular. Caso o exercício não seja solicitado, a opção caducará, extinguindo automaticamente os direitos do titular e as obrigações do lançador.

c) As opções americanas poderão ser bloqueadas para exercício pelo lançador.

Cap. 18 • DERIVATIVOS – MERCADOS DE OPÇÕES E *SWAPS* **229**

d) As opções podem ser do tipo americano ou europeu, sendo as opções de compra classificadas no tipo americano e as opções de venda no tipo europeu.

e) É vantagem das operações com opções a possibilidade de elaboração de estratégias, diversificação de investimentos e arbitragem.

18. Assinale VERDADEIRO (V) ou FALSO (F) nas afirmativas a seguir:

a) ( ) Se um ativo-objeto distribuir proventos em dinheiro durante o período previsto da opção, como dividendos e juros sobre o capital próprio, os valores pagos são abatidos do preço de exercício da série.

b) ( ) Ao se verificar um aumento na quantidade física de ações cobertas pela opção por meio de bonificações e outras formas de distribuição de papéis, o preço do ativo no exercício é aumentado na mesma proporção.

c) ( ) O objetivo da garantia em uma operação com opções é permitir que, em caso de inadimplência, possa ser efetuada pelo menos a liquidação parcial do contrato.

d) ( ) O vendedor da opção pode ser dispensado da garantia na hipótese de depositar integralmente os ativos-objetos do contrato em custódia nas Bolsas de Valores.

19. Assinale VERDADEIRO (V) ou FALSO (F) nas afirmativas a seguir:

a) ( ) A B3 codificou as séries de opções por meio de código contendo símbolo (representa o ativo-objeto), letra (representa se a ação é de compra ou venda) e número (representa o preço de exercício da opção).

b) ( ) O prêmio é mais alto quanto menor se apresentar o intervalo de tempo que resta até o vencimento do contrato de opção.

c) ( ) O lançador recebe o valor combinado do prêmio somente quando a opção é exercida.

d) ( ) Os prêmios recebidos pelo vendedor da opção podem representar uma proteção contra eventual desvalorização do ativo-objeto.

e) ( ) As séries de opções autorizadas e seus respectivos preços de exercício são divulgados semanalmente pela B3.

20. Relacione as razões que justificam a aquisição de ações a termo com suas respectivas características:

I.   Proteção de preços.

II. Diversificação de riscos.

III. Geração de caixa.

IV. Alavancagem do retorno.

V. Financiamento.

VI. Ganhos de juros.

A. O mercado a termo permite que um investidor aplique em ações um montante de recursos superior ao que teria disponível se operasse somente à vista, auferindo, assim, um retorno mais elevado.

B. Um investidor pode beneficiar-se de uma possível valorização dos preços das ações mesmo que não disponha de recursos suficientes para a aplicação.

C. Venda de ações no mercado à vista para adquiri-las de volta em operações a termo, sem desfazer a posição acionária.

D. Aquisição de ações no mercado à vista para vendê-las no mercado a termo, auferindo com isso uma receita de juros medida pela diferença entre os preços a termo e à vista.

E. Um investidor pode promover a diversificação de seu portfólio por meio da aquisição de novas ações em operações a termo, desembolsando somente a margem de garantia.

F. As vendas de ações no mercado à vista, desde que o investidor não tenha necessidade imediata dos recursos, pode ser realizada no mercado a termo, onde é embutida no preço do papel uma remuneração pelo período da operação.

a) IV-A; I-B; VI-C; III-D; II-E; V-F.

b) IV-A; I-B; V-C; III-D; II-E; VI-F.

c) IV-A; I-B; III-C; V-D; II-E; VI-F.

d) II-A; I-B; VI-C; III-D; V-E; V-F.

e) II-A; VI-B; I-C; III-D; V-E; V-F.

21. Assinale VERDADEIRO (V) ou FALSO (F) nas afirmativas a seguir:

a) (   ) Os *swaps* são acordos estabelecidos entre duas partes, visando uma troca de fluxos de caixa futuros por certo período de tempo, obedecendo a uma metodologia de cálculo definida em contrato.

Cap. 18 • DERIVATIVOS – MERCADOS DE OPÇÕES E *SWAPS*   **231**

b) (   ) Tanto a B3 como a Cetip não se responsabilizam pela inadimplência das partes envolvidas, por isso, a operação é realizada com garantia.

c) (   ) Os agentes trocam indexadores das operações de captação ou aplicação de recursos, atualizando o valor do principal.

d) (   ) Uma operação de *swap* é realizada entre duas partes, sendo geralmente montada por uma instituição financeira.

e) (   ) O *Credit Default Swaps* (CDS) é uma forma de derivativo de crédito que tem por objetivo proteger o concedente de crédito de inadimplência do devedor.

f) (   ) O *swap* cambial se processa sem envolver dinheiro fisicamente. A operação prevê a participação de duas partes: geralmente uma empresa e um banco. Uma parte assume o compromisso de pagar à outra a variação cambial de determinado período, recebendo em troca uma taxa de juros.

22. Admita que um investidor tenha boas perspectivas com relação ao comportamento futuro de determinada ação, decidindo, por isso, adquirir uma opção de compra por $ 13,50/ação, e pagando um prêmio de $ 1,50/ação. A opção de compra, definida pelas bolsas de valores em lote-padrão, é constituída por 100.000 ações.

Pede-se:

a) Apure o resultado da operação se a cotação da ação for $ 15/ação na data do exercício.

b) Apure o resultado da operação se a cotação da ação for de $ 11,50/ação na data do exercício.

23. Suponha que uma determinada ação esteja cotada no mercado à vista por $ 9,00. Um investidor avalia que essa ação irá se desvalorizar a médio prazo. Estando em negociação no mercado uma opção de venda dessa ação a $ 9,00/ação, com um prêmio de $ 0,80/ação, o investidor projeta boas perspectivas de realizar lucros adquirindo essa opção.

Pede-se:

a) Apure o resultado da operação se a cotação da ação for $ 8/ação na data do exercício.

b) Apure o resultado da operação se a cotação da ação for de $ 10/ação na data do exercício.

24. Admita que uma empresa tenha uma dívida de $ 5 milhões indexada ao DI, com vencimento em 75 dias. A taxa do *Swap* × CDI Pré de mercado está fixada em 18% a.a.o. (ao ano *over*) e a taxa acumulada do CDI no período é de 20% a.a.o. (ao ano *over*). Com base nessas informações, a empresa realiza um *swap*. Qual o resultado dessa operação? Desconsidere outros custos.

25. Admita que uma empresa possua uma dívida de $ 10 milhões indexada no DI, com vencimento para 51 dias. A taxa do *Swap* × *CDI Pré* de mercado está fixada em 14,5% a.a.o. (ao ano *over*). Com base nessas informações, a empresa realiza um *swap*. Qual o resultado dessa operação para uma taxa acumulada do CDI de 16% a.a.o. (ao ano *over*) no período? Desconsidere outros custos.

26. Um investidor paga um prêmio de R$ 30,00 por uma opção de compra cujo preço de exercício é de R$ 450,00. Desconsidere os custos de corretagem e de oportunidade.

a) A partir de que preço do ativo-objeto o investidor exercerá a opção?

b) Em quais circunstâncias o investidor obterá lucro mantendo a posição até o vencimento da opção?

27. Um investidor adquiriu uma opção de compra de 100 ações da Apple. Os dados da compra foram os seguintes: preço de exercício por ação de R$ 40,00; preço à vista da ação no momento da compra de R$ 38,00; preço da opção por ação de R$ 5,00; e preço no vencimento por ação de R$ 55,00.

a) Qual foi o resultado para o investidor?

b) Qual foi o resultado líquido para o investidor?

28. Uma empresa tem uma dívida de R$ 3.000.000, com vencimento em 120 dias, a uma variação cambial de +8% a.a., e deseja realizar um *swap* dólar × pré para 15,8% a.a. (taxa efetiva para 360 dias corridos). Dados: nesses 120 dias, a variação cambial efetiva foi de 9%. Pergunta-se:

a) Qual o valor do *swap* para o investidor?

b) Qual o valor líquido recebido após 90 dias?

29. Um investidor comprou 1000 ações da PETR4 pagando R$ 15,10 por ação e na mesma data lançou 1000 opções de compra PETRC16, com vencimento em um mês e prêmio de R$ 0,64 por opção. Desconsidere corretagem, emolumentos e imposto de renda. Pede-se:

a) Se na data do vencimento a PETR4 no mercado à vista estiver R$ 17,30, qual o resultado financeiro dessa operação para o investidor?

b) Se na data do vencimento a PETR4 no mercado à vista estiver R$ 14,80, qual o resultado financeiro dessa operação para o investidor?

30. Se o titular de uma opção de compra, de preço de exercício R$ 10,00, pagou R$ 2,00 de prêmio e o ativo-objeto vale R$ 13,00 no vencimento, qual foi o resultado dessa operação?

Principais características do mercado de opções	
O que são opções	• São derivativos que concedem ao seu titular o *direito*, e não a obrigação, de negociar (comprar e vender) um determinado ativo a um preço previamente definido.
Participantes do mercado de opções	• *HEDGER* – Reduzir ou eliminar sua posição de risco. • ARBITRADOR – Assumir risco em troca de um ganho (prêmio). • ESPECULADOR – Identificar preços em desequilíbrio em diferentes mercados com o objetivo de auferir lucros.
Tipos de opções	• OPÇÃO DE COMPRA (*CALL*) – Comprador ganha na ALTA do mercado e vendedor ganha na BAIXA. • OPÇÃO DE VENDA (*PUT*) – Comprador ganha na BAIXA do mercado e vendedor, na ALTA.
Exercício das opções	• OPÇÃO AMERICANA – Pode exercer o direito de comprar ou vender a qualquer momento, até a data de vencimento da opção. • OPÇÃO EUROPEIA – Pode exercer o direito de comprar ou vender somente na data de *vencimento da opção*.
Termos do mercado de opções	• PRÊMIO – Valor da negociação da opção. • ATIVO-OBJETO – Ativo que lastreia o lançamento da opção. • VENCIMENTO – Data de exercício da opção. • PREÇO DE EXERCÍCIO – Preço em que a opção é exercida. • TITULAR – Comprador da opção. • LANÇADOR – Vendedor da opção.
Modelos de precificação de opções	• MODELO BINOMIAL. • MODELO DE BLACK & SCHOLES.
Estratégias com opções	• ALAVANCAGEM. • *HEDGE*. • FIXAÇÃO DE PREÇO FUTURO.
Probabilidade de exercício de opções de compra – *call*	• *OUT OF THE MONEY* – OTM (Fora do dinheiro) Preço do Ativo < Preço de Exercício. • *AT THE MONEY* – ATM (No dinheiro). • PREÇO DO ATIVO – Preço de Exercício. • *IN THE MONEY* – ITM (Dentro do dinheiro) Preço do Ativo > Preço de Exercício.
Fatores que afetam o preço de uma opção	• Preço de exercício. • Preço da mercadoria à vista. • Prazo até o vencimento. • Volatilidade. • Taxa de juros.

19

INVESTIDORES INSTITUCIONAIS E FUNDOS DE INVESTIMENTOS

O Capítulo 19 engloba os principais investidores institucionais do mercado financeiro nacional, suas formas de atuação e principais estratégias e produtos financeiros.

Toda pessoa jurídica que tem por obrigação legal investir parte de seu patrimônio no mercado financeiro é conhecida por investidor institucional. No Brasil, são considerados investidores institucionais os fundos de investimento, fundos de pensão, companhias seguradoras, sociedades de capitalização, clubes de investimentos, entidades de previdência privada abertas e fechadas, entre outros.

Uma das importantes contribuições dessas associações é a ampliação da base de investidores no mercado financeiro, promovendo maior dinamismo e crescimento da economia diante de mais elevada oferta de recursos para investimentos.

Os investidores institucionais operam geralmente dentro de uma visão de retorno de longo prazo, selecionando as melhores alocações de seus recursos. Aceitam maior risco desde que compensado por retorno mais alto. Este comportamento dos investidores contribui para maior estabilidade do mercado e eficiência de suas operações.

MERCADO FINANCEIRO – EXERCÍCIOS E PRÁTICA · *Assaf Neto*

1. São considerados fundos de investimento, **exceto**:

a) entidades de previdência privada.

b) sociedades de capitalização.

c) clubes de investimento.

d) sociedades corretoras.

e) fundos de pensão.

2. Os investidores institucionais:

a) não são obrigados legalmente a investirem parte do seu patrimônio no mercado financeiro.

b) possuem carteiras de investimento não significativas para o mercado financeiro.

c) operam dentro de uma visão de retorno de curto prazo, pois são fortemente pressionados por alta rentabilidade.

d) tendem a formar carteiras de menor representatividade na medida em que a economia se desenvolve.

e) possuem carteiras formadas principalmente pela captação de recursos com seus poupadores e por rendimentos reaplicados.

3. Assinale a alternativa que **não** apresenta uma vantagem dos fundos de investimento:

a) Administração profissional dos recursos monetários.

b) Condições mais favoráveis de negociação.

c) Inexistência de encargos.

d) Domínio de sofisticadas técnicas de análise do mercado.

e) Capacidade de análises de grande fluxo de informações relativas ao mercado de capitais.

4. É característica da administração ativa:

a) menor risco envolvido.

b) retornos mais elevados.

c) maior simplicidade na gestão.

Cap. 19 · INVESTIDORES INSTITUCIONAIS E FUNDOS DE INVESTIMENTOS **237**

d) custos menores, como taxa de performance e custo administrativo.

e) investimento em ativos visando reproduzir a carteira de um índice previamente definido.

5. Assinale a alternativa que relaciona corretamente os principais tipos de risco presentes nos fundos de investimento com o seu respectivo conceito:

I.   Risco de crédito

II. Risco de mercado

III. Risco de liquidez

IV. Risco sistêmico

A. Determinado pelo comportamento das conjunturas nacional e internacional.

B. Reflete as dificuldades que podem ser encontradas para a venda de títulos da carteira.

C. Está associado ao atraso de pagamento pelo emitente do título.

D. Vincula-se à possibilidade de variação no valor dos títulos da carteira advindos de fatores externos à empresa.

a) I-A, II-B, III-C, IV-D.

b) I-B, II-C, III-D, IV-A.

c) I-C, II-A, III-B, IV-D.

d) I-C, II-D, III-B, IV-A.

e) I-D, II-C, III-A, IV-B.

6. Assinale VERDADEIRO (V) ou FALSO (F):

a) (   ) Os fundos de renda fixa referenciados possuem ampla liberdade em selecionar os ativos para investimento como derivativos, opções e *swaps.*

b) (   ) Os fundos não referenciados somente são constituídos por papéis de renda fixa prefixados.

c) (   ) Alguns tipos de fundos de investimento de renda variável privilegiam títulos da dívida externa brasileira, como os Fundos FIEX, por exemplo.

d) (   ) Os fundos passivos de renda variável objetivam replicar o retorno de uma carteira previamente selecionada.

e) (   ) Os fundos de investimento constituídos sob a forma de condomínio fechado apresentam menor liquidez que os de condomínio aberto.

7. Assinale a afirmativa **incorreta** sobre a marcação a mercado (MaM):

a) Foi regulamentada pela Anbid e deve ser utilizada por todos os fundos de investimento.

b) Permite uma melhor distribuição da riqueza entre os cotistas de um fundo.

c) Expressa de maneira mais eficiente o desempenho dos ativos de um fundo ao incorporar as oscilações do mercado.

d) No caso de saída de um cotista o resultado do fundo não afeta o saque dos seus recursos.

e) Na MaM os ativos de todos os fundos devem refletir os preços de mercado que seriam efetivamente negociados.

8. Cabe ao Conselho Nacional de Seguros Privados:

a) fiscalizar as operações de resseguros realizadas no país e no exterior.

b) preservar a liquidez e a solvência das instituições do mercado de seguros.

c) assumir o risco de uma companhia seguradora quando esta emite uma apólice acima da sua capacidade financeira.

d) cumprir e fazer cumprir as deliberações do Conselho Nacional de Seguros Privados.

e) estabelecer os conteúdos gerais dos contratos de seguros, resseguros, previdência privada e capitalização.

9. Considere as seguintes afirmações relativas aos órgãos do Sistema Nacional de Seguros Privados do Brasil:

I.   É de competência da Superintendência de Seguros Privados (Susep) atuar em defesa dos interesses dos consumidores do mercado de seguros.

II. O Instituto de Resseguros do Brasil tem como objetivo oferecer maior eficiência operacional às instituições de seguros, incentivando sua expansão e promovendo a estabilidade do mercado.

III. O corretor de seguros tem a importante função de apresentar aos segurados os serviços das companhias seguradoras, com a qual possui vínculo empregatício.

Cap. 19 • INVESTIDORES INSTITUCIONAIS E FUNDOS DE INVESTIMENTOS

IV. Visando uma melhor rentabilidade e liquidez dos recursos recebidos pelos prêmios pagos pelos seus segurados, as seguradoras podem fazer aplicações no mercado financeiro.

a) Somente as afirmativas I e II estão corretas.

b) Somente as afirmativas I e IV estão corretas.

c) Somente as afirmativas I, II e III estão corretas.

d) Somente as afirmativas II, III e IV estão corretas.

e) Somente as afirmativas III e IV estão corretas.

10. Preencha as lacunas de acordo com os tipos de seguros a seguir:

- vida
- acidentes pessoais
- saúde
- renda
- automóveis

a) O seguro _____ tem por objetivo cobrir as diversas despesas médico--hospitalares executadas pelo segurado.

b) O seguro _____ pode também prever indenização a prejuízos causados a terceiros decorrente de acidentes.

c) O prêmio do seguro _____ é calculado com base na faixa etária do segurado e no valor do benefício por ele escolhido.

d) O seguro _____ oferece diversos planos de benefícios de aposentadoria, morte e invalidez, todos lastreados no pecúlio formado por seus participantes.

e) O seguro _____ prevê pagamentos de indenização ao beneficiário indicado no seguro – em caso de morte – e pagamentos ao próprio segurado em caso de invalidez permanente.

11. O seguro de responsabilidade civil:

a) substitui os fiadores e avalistas de contrato de locação de imóveis.

b) tem por finalidade cobrir paralisações no movimento dos negócios da empresa.

c) cobre ações decorrentes de imperícia, imprudência ou negligência, como falhas causadas no exercício da profissão.

d) oferece garantias ao locador pelo cumprimento do contrato de locação de imóveis.

e) visa manter a operacionalidade e a lucratividade da empresa nos mesmos níveis anteriores à verificação do sinistro.

12. **Não** podemos afirmar sobre a previdência privada:

a) é uma alternativa de aposentadoria complementar à previdência social.

b) possui adesão opcional a seus contribuintes.

c) nos chamados fundos de pensão os benefícios são custeados pelo empregado e pelos funcionários.

d) a sociedade de previdência privada aberta é oferecida a todas as pessoas que desejam aderir a seus planos de benefícios.

e) os benefícios são exclusivamente recebidos pelo participante de forma vitalícia.

13. No Plano Gerador de Benefícios Livres (PGBL):

a) os rendimentos gerados pelas aplicações somente são tributados no momento do seu saque.

b) não são previstos pagamentos periódicos de benefícios.

c) cada aplicador é titular das cotas do fundo.

d) existe a cobrança de imposto de renda sobre ganhos de capital.

e) os depósitos efetuados pelos participantes não são dedutíveis para efeitos fiscais.

14. Assinale VERDADEIRO (V) ou FALSO (F) nas afirmativas a seguir:

a) (   ) No PGBL o investidor pode mudar seu plano gerador quantas vezes desejar, sem a necessidade de recolher imposto de renda.

b) (   ) No FAPI os investimentos são administrados por um banco, único cotista, que constitui um fundo de investimento para gerir os recursos.

c) (   ) No VGBL os depósitos anuais são dedutíveis do imposto de renda.

d) ( ) Nos planos de previdência privada tradicionais, assim como no PGBL, não estão previstos imposto de renda sobre ganhos de capital, diferente do que pode ser observado no FAPI.

e) ( ) As companhias de capitalização preveem resgate do capital investido antes do vencimento, mesmo que o aplicador não tenha sido sorteado.

15. Assinale a alternativa **incorreta**:

a) A principal diferença entre fundos de investimentos fechados e abertos é que os fundos fechados não impõem restrições à entrada e saídas de sócios.

b) O administrador de um fundo pode ser uma pessoa física ou uma pessoa jurídica, credenciada pela CVM para prestar esses serviços.

c) O desempenho de um fundo de investimento é geralmente avaliado pela comparação de seus resultados com alguma medida de referência selecionada no mercado, conhecida pelo termo *benchmark*.

d) Fundos que adotam uma administração ativa procuram superar seu *benchmark*. Fundos passivos visam acompanhar o comportamento do *benchmark*.

e) A cobrança da taxa de performance, em um fundo de investimento, é permitida quando os resultados apurados pelo fundo superarem seu *benchmark*.

16. Assinale V (VERDADEIRO) ou F (FALSO) em cada afirmativa a seguir:

a) ( ) O princípio da Equidade, na Marcação a Mercado, é estabelecido com o intuito de evitar transferência de riqueza entre os cotistas de um fundo de investimento.

b) ( ) Cada fundo de investimento pode definir os ativos que devem ser marcados a mercado, de acordo com os objetivos estabelecidos para seus cotistas.

c) ( ) A Marcação a Mercado causa maior impacto quando as cotações de mercado dos títulos estiverem bastante diferentes (distantes) dos preços registrados na carteira de investimentos.

d) ( ) Admita um título público de um ano negociado por $ 1.000,00, que promete um resgate de $ 114.000,00 em seu vencimento. Se a taxa de juro de mercado subir dos atuais 14% para 16% ao ano, a Marcação a Mercado registrará uma redução no valor do título. Em caso de venda do título antes de seu vencimento, os cotistas são responsáveis pelo pagamento de 2% a mais de rendimento.

17. Relacione os grupos de fundos de investimentos com suas respectivas características:

- Fundo de investimento de renda fixa (F)
- Fundo de investimento de renda variável (V)

a) (   ) Podem ser referenciados, não referenciados e genéricos.

b) (   ) Os Fundos passivos objetivam replicar o retorno de uma carteira previamente selecionada, como o índice de bolsa.

c) (   ) No Brasil, são tipicamente do tipo condomínio aberto porque permitem o resgate de suas cotas.

d) (   ) Fundos não referenciados não precisam reproduzir o desempenho de um índice específico, e podem ser constituídos por papéis prefixados e pós-fixados.

e) (   ) São mais agressivos, apresentando maior risco e rentabilidade esperada.

f) (   ) Fundos de investimento tidos como de condomínio fechado não permitem o resgate das cotas a qualquer momento; o investimento é realizado por determinado prazo, sendo permitido resgatar o capital aplicado somente ao final desse prazo.

18. Relacione as classificações dos fundos de investimentos com suas respectivas características:

I.   Fundo de curto prazo

II. Fundo referenciado

III. Fundo de renda fixa

IV. Fundo de ações

V.   Fundo cambial

a) (   ) Deve possuir um elevado percentual de sua carteira representado por ativos relacionados com a variação de preços de uma moeda estrangeira.

b) (   ) Deve conter, na composição de suas carteiras, um percentual elevado de ações negociadas no mercado à vista da bolsa de valores ou em mercado de balcão organizado.

c) (   ) Deve possuir, no mínimo, 80% de sua carteira formada por ativos de remuneração prefixada, que definem previamente a taxa de juros de rendimento, ou por ativos de remuneração pós-fixada, que acompanham a variação de uma taxa de juro ou um índice de inflação.

d) (   ) Deve ser constituído por títulos públicos federais e também títulos privados de risco reduzido, sendo por isso, considerado de baixo risco.

e) (   ) Deve seguir um determinado indicador de mercado e deve destacar em sua denominação o indicador selecionado de desempenho.

a) II-I-IV-III-V.

b) V-III-IV-I-II.

c) V-IV-III-II-I.

d) V-IV-III-I-II.

e) II-I-III-IV-V.

19. Assinale V (VERDADEIRO) ou F (FALSO) nas afirmativas a seguir:

a) (   ) Os Fundos Cambiais devem possuir um elevado percentual de sua carteira representado por ativos relacionados com a variação de preços de uma moeda estrangeira ou cupom cambial.

b) (   ) Os Fundos de Dívida Externa devem manter em suas carteiras elevada participação em títulos da dívida externa de responsabilidade da União.

c) (   ) Os Fundos Multimercado possuem obrigação de concentração de sua carteira em um ativo especial, definindo uma política de investimentos que incorpore uma classe específica de ativos e seus fatores de risco.

d) (   ) Nos Fundos de Dívida Externa não é permitida a aplicação em títulos de dívidas negociados no mercado internacional, que não sejam de responsabilidade da União.

e) (   ) Os Fundos Multimercado realizam investimentos em diversos mercados ao mesmo tempo, permitindo uma diversificação das aplicações.

20. Assinale V (VERDADEIRO) ou F (FALSO) nas afirmativas a seguir:

a) (   ) Os Fundos de Investimentos em Participações (FIP) são formados por recursos destinados a investimentos em empresas em geral: empresas limitadas, companhias fechadas e companhias abertas.

b) ( ) Os FIPs representam uma modalidade de investimento em renda variável formado sob a forma de condomínio aberto.

c) ( ) O fundo de investimento formado como condomínio fechado permite que o acionista resgate suas cotas por iniciativa própria antes do encerramento do fundo.

d) ( ) O Fundo de Investimentos em Participações não pode atuar na gestão da empresa investida por meio de participações em seu Conselho de Administração.

e) ( ) Os FIPs são classificados de acordo com a composição de suas carteiras em: Capital Semente, Empresas Emergentes, Infraestrutura e Multiestratégia.

21. Julgue as afirmativas a seguir:

I. Os Fundos de Investimento em Direitos Creditórios (FIDC), também conhecidos por Fundos de Recebíveis, constituem-se em um fundo de recursos aplicados em diversos produtos financeiros lastreados nos resultados futuros de caixa de operações comerciais de vendas de bens e serviços.

II. Para ser considerado um FIDC, mais que 70% do patrimônio do fundo deve ser aplicado em títulos representativos de créditos dos segmentos comercial, financeiro, imobiliário, arrendamento mercantil e prestação de serviços.

III. A formação de um FIDC se processa a partir de uma empresa que realiza vendas a prazo e emite os correspondentes recebíveis para o comprador pagar.

IV. O FIDC pode ser constituído nas modalidades aberto ou fechado. O fundo fechado não admite que o investidor resgate suas cotas antes de seu vencimento; o fundo classificado como aberto permite o resgate das cotas de investimento a qualquer momento.

a) As afirmativas I e II estão corretas.

b) As afirmativas I e III estão corretas.

c) As afirmativas I, II e IV estão corretas.

d) As afirmativas I, III e IV estão corretas.

e) Todas as afirmativas estão corretas.

22. Julgue as afirmativas a seguir:

I. Os Certificados de Recebíveis Imobiliários (CRI) são títulos de renda fixa emitidos por sociedades securitizadoras, tendo como lastro uma carteira de recebimentos de créditos imobiliários provenientes de contratos de financiamento ou de aluguel.

II. O principal risco dos CRIs reside na inadimplência dos contratos de financiamento de imóveis que lastreiam a operação, ou da empresa locatária caso o lastro de emissão dos títulos seja um contrato de locação.

III. O Fundo de Investimento Imobiliário deve aplicar pelo menos a metade de seus recursos em ativos imobiliários.

IV. A Letra de Crédito Imobiliário é um título de renda fixa emitido por Instituições Financeiras autorizadas a operar com carteiras de créditos imobiliários, e tem como lastro os financiamentos de imóveis concedidos e garantidos por hipotecas ou alienação fiduciária.

a) As afirmativas I e II estão corretas.

b) As afirmativas I e III estão corretas.

c) As afirmativas I, II e IV estão corretas.

d) As afirmativas I, III e IV estão corretas.

e) Todas as afirmativas estão corretas.

23. Assinale V (VERDADEIRO) ou F (FALSO) nas afirmativas a seguir:

a) (   ) No Plano de Previdência PGBL não há garantia de rendimento mínimo, os retornos financeiros excedentes das aplicações são totalmente creditados ao investidor, os benefícios financeiros são tributados na fonte no momento do resgate e não é previsto IR sobre ganho de capital.

b) (   ) No Plano de Previdência FAPI não há garantia de rendimento mínimo, os retornos financeiros excedentes das aplicações são totalmente creditados ao investidor, os benefícios financeiros são tributados na fonte no momento do resgate e não é previsto IR sobre ganho de capital.

c) (   ) No Plano de Previdência Tradicional não há garantia de rendimento mínimo, somente uma parte dos retornos financeiros excedentes das aplicações é creditada ao investidor, os benefícios financeiros são tributados na fonte no momento do resgate e não é previsto IR sobre ganho de capital.

d) ( ) Seguradoras, Previdência Privada e Fundos de Pensão estão autorizados a operar com o Plano Tradicional e o PGBL. Bancos, seguradoras e corretoras estão autorizados a operar com FAPI.

e) ( ) O único órgão fiscalizador das operações com os planos Tradicional, PGBL e FAPI é a Susep.

24. O risco de crédito representa:

a) o risco de que o emissor do título possa não honrar com o principal e/ou com o pagamento de juros referentes às obrigações financeiras assumidas.

b) a possibilidade de variação da taxa de juros durante o período de um investimento.

c) o risco que todo ativo financeiro corre de ter seu preço valorizado ou desvalorizado.

d) a variação da disponibilidade imediata de caixa diante de demandas por parte dos depositantes e aplicadores de uma instituição financeira.

e) restrições que o país estrangeiro pode impor aos fluxos de pagamentos externos.

25. Julgue as afirmativas a seguir:

I.   O Plano de Vida Gerador de Benefícios Livres (VGBL) representa um Fundo de Investimento estruturado para captar poupanças de longo prazo, visando complementar aposentadoria.

II. No resgate do PGBL, o imposto de renda incide apenas sobre os rendimentos acumulados, de acordo com uma tabela progressiva. No VGBL, o imposto de renda incide sobre o total resgatado.

III. As Companhias de Capitalização combinam a captação de poupança programada pela comercialização de títulos, com sorteios de prêmios periódicos.

IV. Caso o aplicador do título de capitalização não tenha sido premiado em nenhum dos sorteios realizados, ele recebe 90% do capital investido ao final do prazo previsto pelo plano, acrescido de algum reajuste monetário.

a) As afirmativas I e II estão corretas.

b) As afirmativas I e III estão corretas.

c) As afirmativas I, II e IV estão corretas.

d) As afirmativas I, III e IV estão corretas.

e) Todas as afirmativas estão corretas.

Cap. 19 · INVESTIDORES INSTITUCIONAIS E FUNDOS DE INVESTIMENTOS

Classificação dos Fundos – Circular CVM 409, de 18/8/2004	
Fundos de Curto Prazo	Apresentam um prazo médio da carteira inferior a 60 (sessenta) dias, sendo o prazo máximo dos títulos de 375 dias. Estes fundos são constituídos por títulos públicos federais e também títulos privados de risco reduzido, sendo por isso, considerados de baixo risco. As suas cotas são menos sensíveis às variações das taxas de juros de mercado, sendo indicados para investidores mais conservadores com objetivos de curto prazo.
Fundos Referenciados	Seguem um determinado indicador de mercado. Devem destacar em sua denominação o indicador selecionado de desempenho. Por exemplo, o fundo referenciado DI procura acompanhar a variação diária nas taxas DI. Esses fundos podem também aplicar em derivativos com o objetivo de fazer proteção (*hedge*).
Fundos de Renda Fixa	Possuem, no mínimo, 80% de sua carteira formada por ativos de renda fixa prefixados, que definem previamente a taxa de juros de rendimento, ou pós-fixados, que acompanham a variação de uma taxa de juros ou um índice de inflação.
Fundos de Ações	Devem conter, na composição de suas carteiras, um percentual elevado de ações negociadas no mercado à vista da bolsa de valores ou em mercado de balcão organizado. Esses fundos acompanham a variação de preços das ações que formam suas carteiras. Muitos desses fundos têm como *benchmark* o índice de mercado de ações (procuram replicar o comportamento do Ibovespa).
Fundos Cambiais	Devem possuir também um elevado percentual de sua carteira representado por ativos relacionados com a variação de preços de uma moeda estrangeira ou cupom cambial. Por exemplo, um fundo Cambial Dólar procura seguir a variação do preço da moeda dos EUA.
Fundos de Dívida Externa	Devem manter em suas carteiras elevada participação em títulos da dívida externa de responsabilidade da União. Nesses fundos é permitido ainda que uma pequena percentagem seja aplicada em outros títulos de dívidas negociados no mercado internacional. Esses fundos constituem-se em uma forma de o investidor aplicar seus recursos em títulos de dívida externa do Governo brasileiro.
Fundos Multimercado	Não possuem obrigação de concentração de sua carteira em nenhum ativo especial, definindo uma política de investimentos que incorporem diversas classes de ativos e fatores de risco. Este tipo de fundo realiza investimentos em diversos mercados ao mesmo tempo, permitindo uma diversificação das aplicações. Exemplos: mercados de ações, de títulos de renda fixa, de moedas estrangeiras etc. Os fundos multimercado recorrem também a instrumentos derivativos para proteger suas carteiras ou alavancar suas posições.

GABARITO

1 INTERMEDIAÇÃO FINANCEIRA

1. a) V; b) F; c) V; d) F; e) V

2. d

3. b

4. e

5. c

6. c

7. a) V; b) F; c) V; d) F; e) V

8. b

9. c

10. a

11. e

12. e

13. e

14. c

15. b

16. a) F; b) V; c) F; d) V

17. a) V; b) V; c) F; d) V

18. c

19. d

20. c

21. a) KEY; b) MON; c) MAX; d) MON; e) NEO; f) KEY; g) KEY; h) NEO

22. a) V; b) F; c) V; d) V; e) F

23. d

24. a) F; b) F; c) V; d) F; e) V

25. a) SUB; b) COM

26. a) M; b) K; c) M; d) K

27. c)

28. a) EM; b) EC; c) EM; d) EM; e) EC

29. a) V; b) V; c) F; d) V

30. a) PIL; b) PIB; c) PG; d) PV; e) VCM

2 POLÍTICAS ECONÔMICAS

1. c

2. a) V; b) F; c) V; d) V; e) F

3. e

4. a) F; b) V; c) F; d) V; e) V

5. c

6. b

7. e

8. c

9. d

10. b

11. e

12. c

13. d

14. a) V; b) F; c) F; d) F; e) V

15. a) V; b) V; c) F; d) F; e) V

16. c

17. a) V; b) V; c) V; d) F

18. a

19. a) V; b) V; c) F; d) F; e) F

20. a) F; b) M; c) R; d) F; e) C; f) F; g) M; h) M

21. e

22. a) F; b) V; c) F; d) V

23. a) III; b) I; c) II

24. a) F; b) V; c) F; d) V

25. c

26. a

27. e

28. a) V; b) F; c) V; d) V; e) F

29. a) V; b) IV; c) II; d) I; e) III

30. a) III; b) I; c) IV; d) II

3 SISTEMA FINANCEIRO NACIONAL

1. d

2. b

3. a

4. e

5. b

6. a) V; b) V; c) F; d) F; e) V

7. c

8. 1. B; 2. A; 3. A; 4. B; 5. A

9. a

10. e

11. a) F; b) F; c) V; d) V; e) F

12. b

13. d

14. c

15. e

16. b

17. d

18. C; F; D; B; G; C; A; C; E; H

19. c

20. c

21. a) F; b) V; c) F; d) V; e) F

22. a) F; b) F; c) F; d) V; e) V

23. b

24. SD; SD; SC; SD; SC; SC

25. a) V; b) V; c) F; d) V; e) F

26. a) BM; b) BID; c) FMI; d) FMI; e) BID; f) BM

27. b

28. d

29. a

30. a) F; b) F; c) V; d) V; e) F

4 MERCADOS FINANCEIROS: MONETÁRIO E CRÉDITO

1. e

2. b

3. a

4. d

5. a) F; b) F; c) V; d) V; e) V

6. a) V; b) F; c) F; d) V

7. d

8. e

9. c

10. c

GABARITO 253

11. d

12. a

13. d

14. e

15. b

16. e

17. a) V; b) F; c) V; d) F; e) V

18. a) III; b) V; c) I; d) II; e) IV

19. e

20. a) V; b) V; c) F; d) V

21. a) II; b) V; c) I; d) IV; e) III

22. c

23. c

24. d

25. c

26. d

27. b

28. d

29. e

30. e

5 MERCADOS FINANCEIROS: CAPITAIS E CAMBIAL

1. a

2. d

3. a) F; b) F; c) V; d) V

4. e

5. c

6. d

7. b

8. a) V; b) V; c) F; d) F; e) V

9. a) V; b) F; c) V; d) F

10. a) V; b) F; c) V; d) V

11. a) R$ 75.000,00; b) US$ 60.000,00

12. d

13. a) V; b) F; c) F; d) V

14. c

15. a) F; b) V; c) F; d) V; e) V

16. a) CAP; b) CAP; c) CAM; d) CAP; e) CAM; f) CAM

17. a) FG; b) P; c) FG; d) O; e) O; f) P

18. c

19. a) F; b) V; c) V; d) V; e) F

20. d

21. a) V; b) F; c) F; d) V; e) F

22. E* = $ 4,00

Taxa de desvalorização = −0,0175 = −1,75%

23. a) LCA; b) LC; c) LF; d) LI; e) LH

24. a

25. c

26. a) V; b) F; c) F; d) F; e) V

27. a) V; b) V; c) F; d) F

28. a) F; b) F; c) F; d) V; e) V

29. c

30. d

6 FUNDAMENTOS DE AVALIAÇÃO

1. d

2. a) V; b) V; c) F; d) V; e) F

3. b

4. e

5. a) 2,03% a.m.; b) 2,80% a.m.

6. a) 19,56% a.a.; b) 19,41% a.a.; c) 19,25% a.a.; d) 19,10% a.a.; e) 18,81% a.a.

7. a) 1,41% para 20 du; b) 1,62% para 23 du; c) 3,90% para 19 du; d) 3,53% para 21 du

8. a) 2,88% a.m.; b) 2,90% a.m.; c) 2,92% a.m.; d) 2,97% a.m.

9. a) d = 1,96% a.m.; b) d = 1,94% a.m.; c) d = 1,92% a.m.

10. Inflação Acumulada = 3,16% a.t.

11. a) Taxa Real = 7,61%; b) Taxa Nominal = 12,54%

12. a) Custo Efetivo Real = 3,62%; b) Taxa Real = 3,43%

13. a) 8,93%; b) 9,80%; c) −2,37%

14. d

15. e

16. a) F; b) V; c) V; d) F; e) V

17. a) objetiva; b) subjetiva; c) discreta – contínua

18. c

19. a) F; b) V; c) F; d) V

20. c

21. a) Média Aritmética = 0,954%; b) Média Geométrica = 0,9539%

22. R$ 29.303,33

23. 11,7%; 11,8%; 12,0%; 12,4%; 12,6%; 12,7%; 12,8%; 13,0%

Mediana = (12,4% + 12,6%) / 2 = 12,5%

24. a) Taxa Média = 12,3750%; b) Desvio-padrão = 0,486239%; c) Variância = 0,002364% d) Coeficiente de Variação = 0,0393

25. Retorno Esperado Investimento A = $ 122.750

Retorno Esperado Investimento B = $ 139.750

Desvio-padrão Investimento A = $ 13.179,06

Desvio-padrão Investimento B = $ 10.779,03

26. E (R) = 14,5%

Desvio-Padrão = 7,37%

Variância = 0,5425%

27.

a) $E(R_A) = 23\%$

$VAR_A = 5,79\%$

$SD_A = 24,06\%$

b) $E(R_B) = 11,50\%$

$VAR_B = 0,0075\%$

$SD_B = 0,8660\%$

c) $COVA,B = -0,001652$

28. a) $COVWX,BV = 0,0136$; b) $VARBV = 0,014425$; c) Coeficiente $b = 0,94$

29. a) $E(R_A) = (6\% + 8\% + 11\% + 6\%)/4 = 7,75\%$

$E(R_B) = (7\% + 9\% + 12\% + 16\%)/4 = 11\%$

b) $VAR_A = 0,0558\%$

$VAR_B = 0,1533\%$

30. $CVA = 0,4195\%$; $CVB = 0,4047\%$

O ativo mais arriscado é o A.

7 JUROS

1. b

2. I. SELIC; II. Taxa Financeira Básica – TFB; III. Taxa Referencial – TR; IV. Taxa de Juros de Longo Prazo – TJLP.

3. a) F; b) V; c) V; d) F

4. a) F; b) V; c) F; d) V

5. a) F; b) V; c) V; d) V; e) V

6. Ano 1 K = 10,00%

Ano 2 K = 12,41%

Ano 3 K = 13,32%

Ano 4 K = 14,32%

7. a

8. a) Taxa Máxima de Captação = 12,55%

b) Taxa Mínima de Empréstimo = 13,91%

c) *Spread* do Banco = 1,21%

d) Ganho na Captação = 0,40%

Ganho na Aplicação = 0,81%

9. a) 0,0485% a.du.; b) 0,9747% para 22 du.

10. *Spread* = 1,3363%

11. Taxa Efetiva + *Spread* = 2,63% a.m.

12. Taxa de Risco = 2,01%

13. *Spread* Total = 8,71%

14. *Spread* Efetivo = 2,087%

Spread Linear = 2,30%

15.

($ mil)

	BANCO	APLICADOR	TOMADOR
SPREAD BRUTO	600,0	1.800,0	2.400,0
SPREAD LÍQUIDO	355,81	1.440,0	2.304,0

16. c

17. b

18. a) V; b) F; c) V; d) F; e) V

19. c

20. a) SM; b) E; c) PL; d) SM; e) PL; f) E

21. c

22. a

23. c

24. d

25. d

8 RISCOS DAS INSTITUIÇÕES FINANCEIRAS

1. a) soberano; b) operacional; c) mercado; d) liquidez; e) crédito

2. c

3. a) F; b) V; c) F; d) V; e) V

4. a) V; b) F; c) F; d) F

5. I. B; II. E; III. A, B, D, E; IV; A, B; V. B, D; VI. C; VII. F

6. a; b

7. a) V; b) F; c) V; d) F

8. a) V; b) F; c) V; d) V

9. ANO 1 – RESULTADO FINANCEIRO = $ 3,0 milhões

ANO 2 – RESULTADO FINANCEIRO = $ 1,5 milhão

10. Retorno Esperado = 13,16%

11. a) V; b) V; c) V; d) F; e) V; f) F

12. c

13. a

14. c

15. c

16. c

17. a) V; b) F; c) V; d) V; e) F

18. d

19. a) V; b) V; c) F; d) V

20. d

21. e

22. d

23. b

24. a

25. b

9 PRODUTOS FINANCEIROS

1. a) F; b) F; c) V; d) V; e) F

2. e

3. c

4. a

5. b

6. d

7. e

8. a) V; b) F; c) F; d) V; e) V

9. a) F; b) V; c) V; d) F

10. c

11. a) NTNB; b) LTN; c) LFT

12. 0,7668% a.m.

13. a) TAXA EFE (líq. IR) = 10,56% a.a.

b) TAXA REAL = 4,8956% a.a.

c) TAXA DE RISCO = −1,0377% a.a.

14. a) 1,3951% a.m.

b) 0,8906% a.m.

15. FV = $ 150.353,78

16. $ 126.181,17; 3,6427% a.m.

17. $ 87.779,94

18. $ 2.237.500,00; 1,8660% a.m.

19. $ 112.775,62

20. 4,8625% a.m.

21. Var (%) = 0,125%

22. a) $ 4.391,89

b) Como a diferença entre o valor de mercado das ações e seu valor como título de renda fixa é positiva, **torna-se atrativa a conversão do investimento** em ações da empresa.

23. Perda = 4,0287%

24. a) VALOR RESGATE: R$ 39.360,00

b) 6,3165% a.b.

25. Retorno Título A = 2,82% a.s.

Retorno Título B = 5,13% a.s.

26. PU = R$ 965,31

27. TAXA EFE = 7,32% a.a.o.

28. COTAÇÃO = 99,7308%

29. a) PU = R$ 991,566

b) Taxa de Retorno = 0,0874% a.a.o.

30. a) Valor Aplicado = R$ 572.926,83

Valor de Resgate Líquido do IR = R$ 601.464,02

b) TAXA EFE = 21,46% a.a.

10 MERCADO DE RENDA FIXA – AVALIAÇÃO DE BÔNUS

1. c

2. d

3. a) F; b) V; c) F; d) V

4. e

5. d

6. b

7. a

8. c

9. e

10. b

11. a) V; b) F; c) V; d) F; e) V

12. a) *Duration;* b) *Yield to Maturity;* c) Cupons; d) *Current Yield;* e) *Maturity*

13. a) V; b) F; c) V; d) V; e) F

14. Po = $ 1.027,10; Ágio de 2,71%

15. Ágio = 6,46%

16. a) 2.921,28; b) Ágio = 16,85%

17. Po = $ 935,95

18. YTM = 4,8857% a.s.

CY = 4,62% a.s.

19. a) $ 1.094,66

b) D = 9,14 semestres

20. YTM = 6,62% a.s.

21. D = 5,46 semestres

22. D = 8,19 semestres

23. a) D = 84,37 dias

b) i = 1,27% a.m.

24. D = 53,17 dias

25. D = 8,06 semestres

26. YTM = 4,55% a.s.; D = 8,33 semestres

27. a) Po = $ 948,46

b) D = 2,83 anos

28. a) Δ PREÇO = –6,5%

b) Δ PREÇO = 6,5%

29.

Referência	Taxa anual efetiva *over*	Taxa por dia útil	Taxa para o mês com 21 dias úteis
Ano 3	17,31%	**0,0634%**	1,3393%
Ano 4	17,23%	0,0631%	**1,3335%**
Ano 5	**18,52%**	**0,0674%**	1,4260%
Ano 6	**13,17%**	0,0491%	**1,0362%**

30. a) F; b) V; c) V; d) F

11 MERCADO PRIMÁRIO DE AÇÕES

1. e

2. a) V; b) F; c) V; d) F; e) V

3. a) V; b) F; c) V; d) F; e) V

4. b

5. a) de mercado; b) de liquidação; c) patrimonial; d) nominal; e) de subscrição; f) intrínseco

6. c

7. a) F; b) F; c) V; d) V; e) F

8. c

9. d

10. c

11. e

12. a

13. b

14. c

15. a) V; b) F; c) V; d) F; e) V

16. d

17. c

18. a) V; b) F; c) V; d) F

19. c

20. d

21. d

22. a) 2.720.000 ações

b) $ 32.912.000

23. a) $ 27,4833/ação

b) Direito = $ 2,08333/ação

24. a) PE = 6,336/ação

b) Patrimônio = $ 10.296.000

c) Preço de Subscrição = $ 0,336/ação

d) Patrimônio = $ 8.346.000

25. a) PATRIMÔNIO LÍQUIDO = $ 1.450.000

b) PATRIMÔNIO LÍQUIDO = $ 1.450.000

26. PREÇO DE EQUILÍBRIO TEÓRICO = $ 1,25

Riqueza do investidor: $ 2.500.000

27. a) R; b) D; c) V; d) FI; e) TA; f) S

28. a) V; b) V; c) F; d) F

29. a) V; b) F; c) V; d) F; e) V

30. a) Dividendos totais = $ 310.200

b) Dividendos totais = $ 338.049

c) Os dividendos distribuídos aos acionistas aumentaram 8,98% com o pagamento de juros sobre o capital próprio.

GABARITO / **263**

12 MERCADO SECUNDÁRIO DE AÇÕES

1. c

2. e

3. a) casada; b) administrada; c) limitada; d) a mercado; e) discricionária

4. a) V; b) V; c) F; d) V; e) F

5. b

6. e

7. e

8. a

9. a) Ibovespa; b) S&P; c) IBX; d) IGC; e) NYSE; f) IDJW

10. a) a termo; b) de opções; c) à vista

11. a

12. b

13. d

14. a) C; b) D; c) A; d) B; e) F; f) E

15. a) AT; b) D; c) A; d) C

16. b

17. a) V; b) F; c) F; d) V; e) F

18.

Ação	Participação na carteira	Preço 1º pregão	P × Q	Preço 2º pregão	P × Q
A	160.000 ações	2,80	**448.000**	**3,00**	480.000
B	120.000 ações	**3,70**	444.000	3,50	**420.000**
C	140.000 ações	6,10	**854.000**	**6,00**	840.000
D	**110.000 ações**	3,90	429.000	3,90	429.000
		Pontos	2.175.000	Pontos	**2.169.000**

Variação (%) = −0,2759%

19. e

20. d

21. a

22. a) produtor ganha R$ 1.500

b) produto perde (deixa de ganhar) R$ 1.000

23. d

24. e

25. a) I; b) I; c) E; d) E; e) I

13 AVALIAÇÃO DE AÇÕES

1. e

2. c

3. a

4. d

5. b

6. e

7. c

8. a) F; b) F; c) V; d) V; e) V

9. d

10. e

11. e

12. a

13. d

14. a) V; b) F; c) F; d) V; e) V

15. e

16. DY = 15,5%

17. 16,56%

18. Po = $ 3,81/ação

19. Como o investidor pagou $ 0,10 a mais que o valor intrínseco da ação, ele superavaliou o seu preço.

20. Po = $ 1,67

21. Po = $ 2,32

22. g = 5,6%

GABARITO / **265**

23. A destruição de valor é de $ 0,50/ação.

24. g = 2,4%

25. g (LPA) = 11,54%

26.

	Ano 1	Ano 2	Ano 3	Ano 4	Ano 5
Lucro Líquido	$ 9.200	$ 10.373	$ 11.696	$ 13.187	$ 14.868
Reinvestimento	(6.900)	7.780	8.772	9.890	11.151
Dividendos	2.300	2.593	2.924	3.297	3.717

27. a) T; b) B; c) T; d) T; e) B

28. a) Ano 1: *price to book* = $ 1,22

Ano 2: *price to book* = $ 0,96

b) –21,31%

c) O mercado aceita pagar pela ação um preço acima do seu valor apenas no ano 1.

29. a) $ 5,20

b) K = 17,11% (sim)

30. Retorno mínimo anual = 10,0227% a.a.

14 RISCO, RETORNO E MERCADO

1. e

2. c

3. d

4. b

5. a) F; b) F; c) F; d) V; e) V

6. b

7. a

8. c

9. d

10. e

11. b

12. a) V; b) F; c) V; d) F; e) F

13. a

14. e

15. a) F; b) V; c) F; d) V; e) V; f) V

16. $E(R_p) = 33,0\%$

17. $E(R_p) = 15,2\%$

18. $E(Rx) = 21,35\%$

$DP(x) = 6,31\%$

$E(Rw) = 9,15\%$

$DP(w) = 9,04\%$

O ativo W apresenta maior risco.

19.

a) $SD_D = 0\%$

b) $SD_A = 5,7373\%$

$SD_B = 2,582\%$

$SD_C = 2,582\%$

c) $CORR_{A,B} = 0,9673$ (positiva)

d) $CORR_{B,C} = -1,00$ (perfeitamente negativa)

20.

$E(RI) = 17,10\%$

$DP(I) = 9,9287\%$

$CV(I) = 0,5806$

$E(RII) = 13,45\%$

$DP(II) = 8,8741\%$

$CV(II) = 0,6598$

Um investidor mais conservador poderá preferir a ação II, de menor desvio-padrão (menor risco). Um investidor racional é levado a selecionar a ação I, que produz menor risco por unidade de retorno (menor coeficiente de variação).

21. Retorno I: 4,1%

Risco I: 6,6242%

CV I: 1,6157

Retorno II: 8,2%

Risco II: 6,3687%

CV II: 0,7767

Independentemente do perfil do investidor, a melhor opção de investimento é o Ativo II, uma vez que oferece maior retorno para um menor nível de risco, quando comparado com o Ativo I.

22. e

23. d

24. b

25. d

15 SELEÇÃO DE CARTEIRAS E TEORIA DE MARKOWITZ

1. d

2. e

3. c

4. d

5. b

6. e

7. c

8. a

9. d

10. e

11. b

12. c

13. e

14. e

15. a) $E(R_A) = 10,0\%$; $E(R_B) = 15,0\%$

b) $SD_A = 2,00\%$; $SD_B = 5,00\%$

16. a) $E(R_X) = 15,97\%$; $E(R_Y) = 11,57\%$

b) $SD_X = 5,05\%$; $SD_Y = 16,78\%$

c) $COV_{X,Y} = 0,008413$

$CORR_{X,Y} = 0,99$ (positiva)

17. a) $E (R_P) = 22,38\%; SD_P = 15,98\%$

b) $E (R_P) = 21,5\%; SD_P = 13,89\%$

18. a) $E (R_P) = 20,5\%$

b) $COV_{P \cdot Q} = 0,0096$ ou $0,96\%$

c) $SD_P = 20,78\%$

19. a) $E (R_A) = 21,6\%; E (R_B) = 16,2\%$

b) $SD_A = 5,9195\%; SD_B = 4,5998\%$

c) $COV_{A,B} = -0,002593$

20. a) $E (R_P) = 12\%; E (R_Q) = 15,0\%; E (R_R) = 15,0\%; E (R_S) = 13,8\%$

b) $SD_S = 0,058275$ ou $5,8275\%$

c) O ativo S é o que apresenta maior dispersão relativa. Sendo o de maior risco.

d) $COV_{Q,R} = -0,001080$

$CORR_{Q,R} = -1$ (perfeitamente negativa)

21.

		CORR = 1,0		COOR = 0		COOR = −1,0	
W_A	W_B	$E(R_p)$	SD_P	$E(R_p)$	SD_P	$E(R_p)$	SD_P
0%	100%	16,0%	20,0%	16,0%	20,0%	16,0%	20,0%
30%	70%	14,2%	16,4%	14,2%	14,2%	14,2%	11,6%
50%	50%	13,0%	14,0%	13,0%	10,8%	13,0%	6,0%
70%	30%	11,8%	11,6%	11,8%	8,2%	11,8%	0,40%
100%	0%	10,0%	8,0%	10,0%	8,00%	10,0%	8,00%

22. $E (R_P) = 18,8\%; SD_P = 9,0\%$

23. a) $E (R_P) = 12,95\%$

b) $SD_P = 8,4\%$

c) $E (R) = (0,3 \times 0,095 + 0,7 \times 0,21) = 17,55\%$

Risco $= 0,7 \times 0,28 = 19,6\%$

d) $X = 1,2$

24. a) $E (R) = 16,7\%$

Risco $= 20,8\%$

b) E (R) = 16,05%

Risco = 18,2%

c) E (R) = 14,1%

Risco = 10,4%

25.

Sem alavancagem

E (R) = 15,4%

Risco = 11,2%

Com alavancagem

y = 1,5

E (R) = 27,5%

Risco = 42%

16 MODELOS DE PRECIFICAÇÃO DE ATIVOS E AVALIAÇÃO DO RISCO

1. e

2. d

3. b

4. c

5. a) V; b) F; c) V; d) V; e) F

6. c

7. e

8. d

9. e

10. b

11. d

12. a

13. c

14. e

15. a) $SD_j = 6,5156\%$

$VAR_j = 0,4245\%$

$SD_M = 5,5772\%$

$VAR_M = 0,3111\%$

b) $COV_{j,M} = 0,003618$

$CORR_{j,M} = 0,9956$

c) Coeficiente Beta = 0,8523

d) Coeficiente Linear = 0,0216

e) $Y = 0,0216 + 0,8523\ X$

f) $E(R_j) = 15,98\%$

g) 0,010339

h) 0,87%

16. $E(R_j) = 14,8\%$

17. $E(R) = 15,49\%$

18. a) $E(R_p) = 12,4\%$

b) $SD_p = 6,6\%$

c) $IS = 0,667$

19. a) $IS_I = 0,4882$

$IS_{II} = 0,7008$

b) A carteira II é a mais eficiente porque apresenta maior índice de Sharpe. Oferece um prêmio pelo risco maior para cada 1% de risco assumido pelo investidor.

c) A carteira I provavelmente seria selecionada pelo investidor com grande aversão ao risco, porque apresenta menor desvio-padrão.

20. a) Parcela de Risco Diversificável = 32%

b) Por apresentar um coeficiente beta menor que 1,0 (inclinação da reta de regressão linear = 0,85), a ação possui um risco sistemático menor que o risco da carteira de mercado.

c) $E(R) = 13,65\%$

21. Retorno Exigido da Ação (Rj) = 19,5%

Como o retorno exigido pelo investimento na ação de 19,5% é superior ao retorno estimado de 17%, conclui-se que o analista está pessimista com relação ao desempenho da ação.

22. $E(R_H) = 13,05\%$

Por apresentar um retorno exigido de 13,05%, inferior ao retorno esperado pelo analista de 15,5%, a ação H situa-se acima da SML, indicando um potencial de valorização.

R (R_I) = 12,35%

A ação I apresenta um retorno esperado de 9,5%, inferior ao seu custo de oportunidade (taxa mínima requerida de retorno de 12,35%). Situa-se, portanto, abaixo da SML, indicando potencial de desvalorização.

23. A ação tem um retorno exigido de 17,37%, que é maior que o esperado de 14,5%, indicando um potencial de desvalorização. O investidor está pessimista.

24. E (R) = 20,3%

25. Beta = 0,76

17 DERIVATIVOS – MERCADOS FUTUROS

1. d

2. c

3. b

4. c

5. b

6. d

7. c

8. e

9. a) V; b) F; c) V; d) V; e) F

10. c

11. a

12. d

13. d

14.

Comprar 1.000 ações na Bovespa:

1.000 ações × $ 30,00 = $ 30.000,00

Vender as ações na NYSE e converter a

Receita em reais (moeda brasileira):

1.000 ações × US$ 25,00 × R$ 1,50   = $ 37.500,00

LUCRO P/ CADA 1.000 AÇÕES   R$ 7.500,00

15. Resultado Financeiro = $ 750.000

16.	À VISTA	FUTURO
Preço de fechamento	$ 53,00	$ 56,20
TAXA DE RETORNO	15,2%	137,8%

17. a) F; b) V; c) V; d) F; e) V; f) V

18. a

19. FV = $ 14,99

20. Mercado à vista: $ 1,00.

Mercado futuro: $ 0,20.

21. Resultado financeiro = $ 84.000

Como o resultado é positivo, o valor é um ganho do comprador dos contratos. O resultado financeiro é debitado ao vendedor, que errou na tendência de variação do índice no dia. Pelo reduzido prazo de operação, não é exigido do investidor o depósito inicial de garantia da operação.

22. b

23. Resultado bruto = $ 57.000

24. a) PU = $ 97.650,72

b) PU = $ 97.337,78

25. a) i = 18,23% a.a.o.

b) i = 9,85% a.a.o.

26. 100 contratos com cotação travada em 2,8760.

27. –R$ 2.250,00

28. a) Número de contratos = 363

b) R$ 1.105.335,00

c) 4,95%

29. AD = R$ 1.250,00

30. a) –R$ 559.500

b) –R$ 559.500

18 DERIVATIVOS – MERCADOS DE OPÇÕES E *SWAPS*

1. a) F; b) V; c) F; d) V; e) F

2. e

3. b

4. a) F; b) F; c) V; d) V; e) F

5. d

6. a) prefixado – diminuição

b) perda – aumento

c) pós-fixada – prefixada

d) pós-fixado – aumento

7. RESULTADO DO INVESTIDOR = $ 1.000,00

($ 0,10/AÇÃO)

8. a) Perda: $ 0,40 × 10.000 ações = ($ 4.000)

b) Ganho: $ 0,03 × 10.000 ações = $ 300

c) Ganho/Perda = $ 0,00

9. Investidor exerce seu direito (opção) de compra se o preço do ativo-objeto exceder a $ 28,90. O investidor aufere lucro se o preço do ativo-objeto for maior que: $ 28,90 + $ 1,30 = 30,20.

10. $ 76,50

11. $ 24,00

12. O investidor exercerá a opção caso o ativo-objeto apresente um preço superior a $ 342,00;

Preço Mínimo: $ 342,00 + $ 22,50 = $ 364,50

13. O preço deve ser igual, ou superior, a $ 142,00

Lucro = $ 8,00

14. a) Preço de Venda = $ 27,50

Resultado (Ganho) = $ 1,90/ação – total de $ 380,00

b) Preço de Venda = $ 34,00

Resultado (Perda) = ($ 0,60) – total de ($ 120,00)

15. a) C; b) I; c) I; d) C; e) C

16. a) I; b) C; c) C; d) C; e) I

17. d

18. a) V; b) F; c) F; d) V

19. a) V; b) F; c) F; d) V; e) F

20. c

21. a) F; b) F; c) F; d) V; e) V; f) V

22. a) Ganho/perda: $ 0,00

b) Perda: ($ 1,50) × 100.000 = ($ 150.000)

23. a) Ganho/perda: $ 0,20

b) Perda: ($ 0,80)

24. Ganho com o *swap* = $ 26.339,29

25. Ganho com o *swap* = $ 27.108,11

26. a) O investidor exercerá a opção de compra se o preço do ativo objeto for maior que R$ 450,00.

b) O investidor terá lucro se o preço do ativo objeto for maior que R$ 480,00.

27. a) A opção será exercida no vencimento e o resultado R$ 1.500.

b) Computado o custo inicial da opção, o ganho líquido é de R$ 1.000.

28. a) R$ 206.859,90

b) –R$ 3.150.340,10

29. a) 1.540,00

b) 640,00

30. Lucro = R$ 1,00

19 INVESTIDORES INSTITUCIONAIS E FUNDOS DE INVESTIMENTOS

1. d

2. e

3. c

4. b

5. d

6. a) F; b) F; c) F; d) V; e) V

7. d

8. e

9. b

10. a) saúde; b) de automóveis; c) de vida; d) de renda; e) de acidentes pessoais

11. c

12. e

13. a

14. a) V; b) F; c) F; d) V; e) V

15. a

16. a) V; b) F; c) V; d) V

17. a) F; b) V; c) V; d) F; e) V; f) F

18. d

19. a) V; b) V; c) F; d) F; e) V

20. a) V; b) F; c) F; d) F; e) V

21. d

22. c

23. a) V; b) F; c) F; d) V; e) F

24. a

25. b

Pré-impressão, impressão e acabamento

grafica@editorasantuario.com.br
www.graficasantuario.com.br
Aparecida-SP